問題の発見と解決のための
経営戦略論

木下栄蔵・雑賀憲彦　著

The Strategy
of
Management Science
for
Problem Solving

近代科学社

◆ 読者の皆さまへ ◆

小社の出版物をご愛読くださいまして，まことに有り難うございます．

おかげさまで，(株) 近代科学社は 1959 年の創立以来，2009 年をもって 50 周年を迎えることができました．これも，ひとえに皆さまの温かいご支援の賜物と存じ，衷心より御礼申し上げます．

この機に小社では，全出版物に対して UD（ユニバーサル・デザイン）を基本コンセプトに掲げ，そのユーザビリティ性の追究を徹底してまいる所存でおります．

本書を通じまして何かお気づきの事柄がございましたら，ぜひ以下の「お問合せ先」までご一報くださいますようお願いいたします．

お問合せ先：reader@kindaikagaku.co.jp

なお，本書の制作には，以下が各プロセスに関与いたしました：
・企画：小山　透
・編集：小山　透
・組版：三美印刷
・印刷：三美印刷
・製本：三美印刷
・資材管理：田村洋紙店
・カバー・表紙デザイン：川崎デザインスタジオ
・広報宣伝・営業：山口幸治，冨髙琢磨

・本書の複製権・翻訳権・譲渡権は株式会社近代科学社が保有します．
・JCOPY ＜(社) 出版者著作権管理機構 委託出版物＞
本書の無断複写は著作権法上での例外を除き禁じられています．
複写される場合は，そのつど事前に (社) 出版者著作権管理機構
（電話 03-3513-6969，FAX 03-3513-6979，e-mail: info@jcopy.or.jp）の許諾を得てください．

はじめに

　21世紀に入り，ますます混迷を深める現代社会において，インターネットの進歩によってもたらされている「IT革命」「情報公開」が，ビジネスの世界を中心に浸透しつつあり，まさに情報化の時代へ突き進んでいる．そのため従来の考え方では時々刻々と変わりゆく時代の流れについていけず，国際化の波に乗り遅れることは必至である．今まさに「パラダイムシフト」が必要になってきている．それは，1990年からの「失われた20年」を総括し，それ以前のパラダイムから新しいパラダイムを創造することを意味している．そして，このとき必要な考え方が「サービスサイエンス」という概念であり，ビジネスの世界では，「共通のプラットフォームにおける官と民の経営戦略」であろう．

　そこで，本書では2章から4章までで民間企業の経営戦略を，5章から6章まででNPOの経営戦略を，そして8章，9章で行政の経営戦略をそれぞれ同じ視点から論じている．さらに10章では，線形計画法によって官と民の経営の目的を，11章では，ゲームの理論よって，マクロ経済と官と民の行動原理を，そして12章では，学校法人の評価について支配型AHPより論述している．

　したがって，本書は，経営戦略を勉強している学生や，実際の業務で経営戦略に従事している人たち，さらに直接仕事に関係なくても教養として経営戦略を身につけたいビジネスマンのための経営戦略論をわかりやすくまとめたものである．とりわけ本書では，著者らが，これまで行ってきた研究や，実務ならびに教育の経験をもとにしているので，読者の皆さんにとって実用的で理解しやすい本になったものと信じている．また適用例は，日常的でわかりやすく楽しい話題を選んでいるので興味深く読んでいただけるはずである．

　最後に，本書の企画から出版に関わる実務にいたるまでお世話になった（株）近代科学社の小山透氏に厚く感謝したい．

2010年9月
木下栄蔵，雑賀憲彦

もくじ

第1章 問題の発見と解決 …………………………………… 1

- 経営戦略と問題発見………………………………………… 2
- なぜ問題解決ができないのか……………………………… 2
- 業績不振企業の問題点……………………………………… 3
- 目標，問題発見，問題解決の関係………………………… 5

第2章 民間企業の経営戦略（1） ……………………… 7

- 会社の数……………………………………………………… 8
- 経営学の必要性……………………………………………… 8
- 競争環境と経営学…………………………………………… 9
- 顧客ニーズの収集…………………………………………… 10
- 環境への適応………………………………………………… 11
- 経営資源……………………………………………………… 12
- SWOT分析 ………………………………………………… 13
- 経営戦略……………………………………………………… 15
- 組織…………………………………………………………… 16
- 第2章の演習問題…………………………………………… 17

第3章 民間企業の経営戦略（2）——大企業の問題………… 23

- 企業不祥事とコンプライアンス…………………………… 24
- 人間心理を知る……………………………………………… 25
- 業界の常識に囚われた社長………………………………… 25
- マネジメントの本質………………………………………… 27

- ■ 不十分な原価管理……………………………………………… 30
- ■ 原価計算の不備………………………………………………… 31
- ■ 戦略的管理会計の重要性……………………………………… 31
- ■ 不可能を可能にする経営戦略………………………………… 33
- 第3章の演習問題………………………………………………… 35

第4章　民間企業の経営戦略具体例 ……………………………… 37

- ■ 日本一の洋菓子業を改革するリードタイム短縮戦略……… 38
- ■ 激戦市場で勝ち残る人材採用・人材教育戦略……………… 39
- ■ 差別化のポイントはドクター抱え込み戦略………………… 41
- ■ 寡占市場に殴り込みをかけた高価格戦略…………………… 42
- ■ サービスの本質を徹底して追及した機能性追究戦略……… 44
- ■ 顧客の喜びを体験させる体現化戦略………………………… 45
- ■ 強烈な問題意識と粘り強い事業化戦略……………………… 46
- ■ 民営化による顧客サービス徹底化戦略……………………… 47
- 第4章の演習問題………………………………………………… 49

第5章　非営利組織の経営戦略（1）──学校法人編 ………… 51

- ■ 非営利組織の定義……………………………………………… 52
- ■ 非営利組織の種類……………………………………………… 53
- ■ 非営利組織の分野別就業者…………………………………… 53
- ■ 非営利組織の分野別経常支出………………………………… 54
- ■ NPOの役割 …………………………………………………… 55
- ■ NPOの経済規模 ……………………………………………… 56
- ■ NPOにも経営が必要 ………………………………………… 57
- ■ 学校法人のマネジメント……………………………………… 58
- ■ 学校法人の業績悪化の原因を探る…………………………… 59
- ■ A大学の改革研究事例 ………………………………………… 60

- ■ B大学の改善研究事例 …………………………………………… 61
- ■ C短期大学の改革研究事例 ……………………………………… 62
- ■ 経営改革事例等から導出された問題点 ………………………… 63
- 第5章の演習問題 ……………………………………………………… 63

第6章　非営利組織の経営戦略（2）――医療法人編 ………… 65

- ■ 医療法人の問題 …………………………………………………… 66
- ■ 医療法人の法的性格 ……………………………………………… 67
- ■ 医療法人の種類 …………………………………………………… 68
- ■ 医療法人の運営形態 ……………………………………………… 68
- ■ 病院経営の特徴 …………………………………………………… 69
- ■ 医療法人の経営課題 ……………………………………………… 70
- ■ 行政から見た医療法人の課題 …………………………………… 72
- ■ 医療法人のマネジメント ………………………………………… 72
- ■ 病院の経営実態分析 ……………………………………………… 74
- ■ 経営診断事例による実態調査分析 ……………………………… 76
- 第6章の演習問題 ……………………………………………………… 81

第7章　非営利組織の経営戦略具体例 ………………………… 83

- ■ 教育の原点を振り返った堀川の奇跡 …………………………… 84
- ■ 教職員協調戦略 …………………………………………………… 85
- ■ 顧客セグメント戦略 ……………………………………………… 86
- ■ 組織管理戦略（方針管理制度の採用） ………………………… 86
- ■ コミュニケーション戦略（ビジョンと長期計画の浸透） …… 87
- ■ マネジメントサイクルの徹底 …………………………………… 88
- ■ 人事戦略と情報戦略 ……………………………………………… 89
- ■ 患者の安心を重視した病院経営 ………………………………… 91
- ■ 効率化・情報化を徹底した経営戦略 …………………………… 92

- 徹底したホスピタリティ戦略………………………………………… 93
- 第7章の演習問題……………………………………………………… 95

第8章　行政の経営課題　……………………………………… 97

- 世界に遅れる日本の行政経営………………………………………… 98
- 行政経営の財務課題…………………………………………………… 100
- 行政経営の人事課題…………………………………………………… 100
- 行政経営の業務課題…………………………………………………… 102
- 業務目標の明確化と数値化の重要性………………………………… 103
- 組織の重複……………………………………………………………… 104
- 特殊法人が無駄の根源………………………………………………… 105
- 郵政民営化と特殊法人の関係………………………………………… 105
- 倫理感欠如の某市役所………………………………………………… 107
- 役所の形式主義が税金泥棒を生む…………………………………… 108
- 機会の平等という仕組みの崩壊……………………………………… 109
- 第8章の演習問題……………………………………………………… 110

第9章　行政の経営戦略具体例　……………………………… 111

- 構造改革の促進………………………………………………………… 112
- 政府規制の妥当性検証………………………………………………… 114
- 東京都足立区の構造改革戦略………………………………………… 116
- 矢祭町の元町長，根本氏の改革……………………………………… 118
- 横浜市の元市長，中田宏氏の改革…………………………………… 119
- 橋下 徹，大阪府知事の改革 ………………………………………… 120
- 人件費の削減…………………………………………………………… 121
- 府民に覚悟を迫る改革プロジェクト………………………………… 122
- ニュージーランドの行政改革………………………………………… 122
- 第9章の演習問題……………………………………………………… 126

第10章　経営戦略のための線形計画法 ……………… 127

- 10.1　民の経営戦略 …………………………………………… 128
- 10.2　官の経営戦略 …………………………………………… 130
- 10.3　プライマルシンプレックス法 ………………………… 132
- 10.4　デュアルシンプレックス法 …………………………… 135

第11章　経営戦略のためのゲーム理論 ……………… 139

- 11.1　ゲーム理論の考え方 …………………………………… 140
- 11.2　囚人のジレンマ ………………………………………… 141
- 11.3　チキンゲームのジレンマ ……………………………… 143
- 11.4　ミニマックスの原理 …………………………………… 145
- 例題 ………………………………………………………………… 145
- 11.5　ナッシュ均衡 …………………………………………… 148
- 例題 ………………………………………………………………… 148

第12章　経営戦略のための支配型AHP ……………… 151

- 12.1　支配型AHP ……………………………………………… 152
- 12.1.1　支配代替案法（AHPにおける新しい考え方） …… 152
- 12.1.2　支配評価水準法 ………………………………………… 157
- 12.2　支配型AHPの数学的構造 ……………………………… 162
- 12.3　一斉法の数学的構造 …………………………………… 165

第13章　全体の結論と今後の課題 …………………… 169

参考文献 ……………………………………………………………… 177
さくいん ……………………………………………………………… 179

第1章 問題の発見と解決

──〈本章を学ぶポイント〉──
1. 経営戦略論を問題の発見と解決という視点から理解する．
2. 経営戦略論を「民」と「NPO」と「官」という三つの経営組織体から考え，かつ共通のプラットホームで理解する．
3. 経営戦略論を「定性的分析」と「定量的分析」の両面から理解する．

　本書のタイトルは，「問題の発見と解決のための経営戦略論」というものである．世の中に経営戦略の著作は数多くあるが，本書は，経営戦略を第1セクター，第2セクター，第3セクターのすべての組織体を網羅して，戦略の実践例をベースにどこに問題が存在し，どのようにすれば解決できるのか，という視点で経営戦略を論じたものである．
　その意味ではタイトルどおり極めて実践的な経営戦略論である．経営戦略というと，理論的・体系的なものが多いが，組織経営のなかで，経営戦略がどのように使われ，どのように活用されているのかが十分理解できていない組織が多い．特にNPOや行政などはそもそも経営をしっかりと学んでいない人が組織のトップに就いているケースが多いため，問題の発見ができず，解決もままならない．

■ 経営戦略と問題発見

そもそも経営戦略とは，日々の組織運営において方針がブレないように，中長期の展望を掲げることであり，もう一つは競争に勝つための方法を立案することである．経営戦略は，いわば**組織人の行動指針**であり，**精神的支柱**であるのだ．そのため，経営戦略がなければ，日々の組織運営で，何が問題になっているのか，その原因はどこにあるのかが，曖昧なものになる．その結果，解決策も不十分なままとなって，常にすっきりしない組織運営となってしまう．

言い換えれば，問題の発見と解決には経営戦略が不可欠なのである．それではなぜ，問題の発見と解決に経営戦略が不可欠なのか，もう一つの側面から考えてみることにする．それには問題とは何か，問題の発見にはどんな能力が必要なのか，また問題を解決するにはどのような能力が必要か，を検討する必要がある．

われわれはしばしば売上高が目標に達成しなかったから問題だ，売上高は増加したが，利益がマイナスになってしまったので問題だ，など会議の席でよく議題に上げる．つまり，問題とは目標があって，現実がその目標に到達できなかったときに問題だと認識する．米国の経営コンサルタントのケプナーとトリゴーの2人は，問題の定義を次のように言っている．問題とは「理想と現実とのギャップ」「あるべき姿と実際の姿の差」である．

したがって，問題を発見するには，理想の状態，あるべき姿がどのような状態であるのかをしっかりとイメージできていて，かつ現実・現状をしっかりと把握できて，その両者を比較して差・ギャップを見つけることである．

■ なぜ問題解決ができないのか

上記の例で言えば，売上高目標があり，それが達成できていないという現実があり，その両者の間に差が存在するので問題だといっているのである．多くの組織では売上高目標，利益目標，在庫目標，部門別目標などいくつかの目標がある．それらと実際の成績（業績）との差が問題となるのだ．数字で表現された目標と，数字で出てくる実績との差は，誰にでもわかる差であるため，「問題」というのは簡単だが，それを解決する方法がわからないという組織は多い．その理由は，目標がどのようにして作られたのか，という**中身やプロセスが不**

明確だからである．目標の作り方において，積み上げ方式でなくて前年実績にプラス α といった安易な目標が多ければ，その作り方が安易であるため，目標達成は難しくなる．要するに「目標」とか「あるべき姿」とか「理想像」というものにもっとエネルギーを注いで，具体的な中身までブレークダウンして作らなければ，問題が発生しやすいということなのだ．

　次に，問題がわかれば，解決策を講じて，その問題を解決あるいは解消しなければならない．しかし，多くの組織で問題解決できないでいたり，問題解決が難しいため放置したりするケースが見られる．現に業績の良くない企業やNPO，行政などは問題を先送りしたり，赤字を増やして債務（借金）を増加したりしている．

■　業績不振企業の問題点

　著者らはシンクタンクに在職していたころから現在までの二十数年間，業績不振企業に対し業績向上のための戦略づくりや経営改善のアドバイスなどを行ってきた．その数は300社を超えるほどになった．今までを振り返って考えると，業績不振企業にはいくつかの共通点が存在することがわかった．そこでそれらを整理し，読者諸兄の反面教師として参考にしていただこうと思う．

1) 問題を問題として捉える能力が乏しい．

　例えば建設業界や卸売業界などは業界全体が衰退・再編の状況にあるが，その中にいる企業は，業界全体が悪いので，当社の業績が毎年低下するのも仕方のないことだ，と言って対策を立てられず放置しているケースが多い．それでは，なかなか業績が向上しない．

　問題は，業界の責任ではなくて自社の責任にあるということを認識すべきである．たまたま業界全体が悪くても，その中で存続していくためには，自社の能力で利益を上げ，売上を上げる努力をしなければならないはずである．その認識が足りないと業績不振企業になる．

2) 問題の原因を深く究明しようとする能力が不足している．

　著者らがいろいろな組織に行って，問題認識を把握するためのヒアリング調査を行うのだが，問題を仮に売上高が減少しているという大きな現象面だけを

言う人がいれば，その原因はどのように捉えていますか，という問いかけをする．すると，品質が良くないからだ，ブランド力がないからだ，納期が遅いからだ，価格が高いからだ，品揃えが良くないからだ，……などと一般的な回答をする．それではそれらを改善するための方策は立てているのですか，と聞くと，それが難しいのだ，と言ってうやむやな話になる．

問題はむしろこの点にある．良い会社は着実に改善策を実行する．悪い会社は問題の改善案を出してみるのだが，実行が難しいと言ってなかなか着手しない．つまり，原因究明が一般的な回答で終わっているところに問題があるのだ．"なぜ"をさらに繰り返し，「なぜ品質が良くないのか，なぜ価格が高いのか，……」などと**具体的な行動レベルまで原因を追究する姿勢**が極めて重要になる．

3) 経験を重視し，知識を軽視する傾向が強い．

業績不振企業の大半は，勉強嫌いといっていいだろう．組織力はある意味人材力でもある．それにもかかわらず，社員の育成に投資しない，研修に投資しない，自己啓発に投資しない組織が多い．社員の育成は現場指導（O.J.T.）で十分，あとは経験を積めば何とかなる，研修なんかもったいない，自己啓発はもちろん自分でするもの，という経験重視・知識軽視の考えに基づいている．

伸びている会社であればそうした考え方でも良い人材が集まり，良い人材を育てることができるかもしれないが，業績不振企業はそれができないから，不振なのである．経験だけで業績が上がるならば，世の中の会社はすべて業績が上がるはずである．経験だけではどうすることもできないから，人材能力を向上させるために教育したり，研修したり，調査研究したり，システム整備したりするのである．また，良いアイデアというものは，知識の豊富な人から生まれる，と考えられる．その理由はいろいろな知識の組合せがアイデアになるからである．

以上の3点のほかにも，いくつか細かい共通点があるが，著者らが経営にとって大事と考えるのは，上記に挙げた問題に対する姿勢や原因究明能力である．これさえ身に付ければ会社経営や組織運営にとって問題なしとなる．

■ 目標，問題発見，問題解決の関係

　さて，そうした問題の発見，解決のために経営戦略が重要なのは理解していただいたと思う．そこで，民間企業，NPO，行政のすべてのセクターでは，目標をどのように設定し，問題発見をどういう方法，ツールで行い，どのように解決していくのかを整理し，それらと，経営戦略がどのように関係しているのかを，次ページの表に示し，2章以下で詳述する．

　民間の経営戦略については，第2章で中小企業の問題事例ケースを取り上げ，第3章では大企業の経営の問題事例を取り上げた．第4章では急成長企業や成功している企業例を取り上げ，そこから優れた経営戦略を学ぼうとしている．
　NPOに経営戦略ついては，第5章でNPOの代表的組織である学校法人の経営について検討を加えており，第6章でNPOの最大組織である医療法人の経営について問題提起している．第7章で，学校法人と医療法人の優れた経営戦略事例を取り上げ，NPOの実態に迫っている．
　行政の経営戦略については，第8章で行政の経営課題について検討を加え，第9章で優れた行政改革事例を取り上げ，そのリーダーシップ，組織，コストダウン等の経営戦略を紹介している．
　これらの定性的な分析に対して，第10章，第11章，第12章でそれぞれ線形計画法，ゲーム理論，支配型AHPを用いて定量的な分析を加え，経営戦略を日本で初めて，定量・定性の両面から検討を加えた著作としている．

	2章, 3章, 4章 民間の経営戦略	5章, 6章, 7章 NPOの経営戦略 (学校・病院など)	8章, 9章 行政の経営戦略
目標	①利潤の最大化 ②社会的責任の履行 ③消費者満足の最大化	①公共性の使命遵守 ②業務の効率化 ③学生と患者の満足最大化	①公共性の使命遵守 ②業務の効率化 ③国民「住民」の満足最大化
問題の発見	財務分析, システム分析, 帳票分析, 管理者への問題認識調査などによる問題発見へのアプローチ	財務分析, 施設診断, 帳票分析, 管理者への問題認識調査などによる問題発見へのアプローチ	財務分析, システム分析, 帳票分析, 管理者への問題認識調査などによる問題発見へのアプローチ
問題の体系化	①方針・計画の精度 ②組織の意志疎通 ③人への動機づけ ④システム・帳票の整備 ⑤資金・財務指標	①方針・計画の精度 ②組織の意志疎通 ③人への動機づけ ④システム・帳票の整備 ⑤資金・財務指標	①方針・計画の精度 ②組織の意志疎通 ③人への動機づけ ④システム・帳票の整備 ⑤資金・財務指標
問題の解決策	過去のコンサル成功事例に基づいた具体的な提案	過去のコンサル成功事例に基づいた具体的な提案	国と地方のあり方についての提案

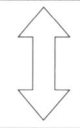

⇕

10章, 11章, 12章
線形計画法, ゲーム理論, 支配型AHPの必要性とその紹介 ―経営価値計測手法―

第 2 章

民間企業の経営戦略（1）

――〈本章を学ぶポイント〉――

1. 経営学は歴史は浅いが，現代ではとても重要な学問分野であることを理解する．
2. 経営学の要点はいくつかあるが，**現状把握**と**競争状況の把握**と**顧客の把握**の3点が特に大切である．
3. 経営戦略とは，**中長期の将来展望**をすること，**競争相手に如何に勝つ**かという二つの発想を持つことが大切となる．

　本章では，民間企業の経営戦略を解説する前に，経営とは何か，経営の基本である売上を上げ，経費を下げ，利益を確保する，ということは簡単にできるものなのか，どのようなことを重視すれば，経営がうまく進むのかなど，経営の基本的概要について解説する．

■ 会社の数

　そもそも日本には，約151万社の会社が存在し，その内訳は，合名会社・合資会社あわせて約1.9万社，株式会社と有限会社で約149万社，ということである（経済産業省中小企業庁2006年データより）．また30以上の業種に分かれているとすると，一つの業種には何千何万という会社が存在していることになる．当然のことながら競争が激しくなり，その業界が全体的に伸びている業界でない限り売上が上がりにくくなり，利益が減少する．

　業界の中には，呉服や宝飾品，毛皮など昔から存在する業界もあれば，インターネット関連，携帯電話など比較的新しい業界もある．歴史の古い業界では需要が一巡しているため，業界全体の伸びは高くない．携帯電話など最新の業界は常に新商品が登場して業界全体の伸びも高い．自動車や電機といった日本のリーディング産業といわれている業界も海外への輸出などで成長しているところが多い．しかし，リーマンショック後は欧米経済が打撃を受けている最中なので輸出が減少し，日本も大きく景気後退したのは周知のとおりである．

■ 経営学の必要性

　日本経済の動向は企業の業績が拡大するかどうかにかかっている．企業の業績が拡大すれば日本全体が潤い，企業の業績が縮小すれば日本全体の景気が悪くなる．端的に言えば，景気とは企業の業績が好調か不調かで決定するといえる．その企業の業績を左右するのが，経営学の理論であり，経営戦略の優劣である．

　著者が前任校の鳥取大学に勤務していたとき，鳥取大学の学長と話しをする機会があった．そのとき学長は著者に次のようなことを言った：「あなたが今度山陰地域に初めて赴任した経営学の先生ですか」「ハイ，そのようです」「ところで，山陰のような地方都市には，いままで経営の教員がいなかった．ということは，経営なぞ勉強しなくても，簡単に経営ができておったということではないでしょうか」「過去はそうであったかもしれません．しかし，今はそう簡単に経営ができなくなってきているようですね」「収支合せができれば良いのですよね」「基本はそうですが，その収支を合わせるのが難しくなってきている，ということなのです」「そうなんですか．……」

医学部長を経験した学長からすれば，経営学なぞは無くても支障がない，取るに足らない学問ではないか，という気持ちがあったのであろう．挑戦的な質問を著者に投げかけてきたようであった．確かに今までの地方都市では，大企業の工場がたくさんあり，その周辺にその関連企業（下請け企業）がたくさん存在するという構造である．大企業の工場は本社からの指示どおりに仕事をすればよかった．関連企業も大企業の言いなりに仕事をすることで，ある程度の利益を確保できていた．そこには経営をする余地はあまり無かった．

　しかし現在，地方都市の工場団地にある多くの工場は分社化され，中国などの海外の工場と競合関係にある．価格では競争に勝てなくなった日本の工場は，技術や品質，納期といった面で優位性がなければ，その存在すら危ぶまれるようになっている．また分社化されたということは，工場単独で生きていきなさい，と親から放り出されたようなもので，自分自身で経営をしなければならなくなった．そのため経営学が必要になったのである．

■　競争環境と経営学

　つまり，経営の第一ポイントは，競争環境にあるのか無いのかという点が重要であるのだ．上記のような地方都市では，いままでは厳しい競争に晒されていなかったために，本社の指示や親会社の指示を守って運営をしていれば，それで何とかうまくいったのである．しかし，地方都市といえども最近は海外の工場との競争，同業他社からの競争など次第に厳しいものになりつつあるのだ．したがって，従来どおりの仕事をしていては，受注が減ってくる，業績が下がってくる，ということになってくる．そのためライバル他社の動きを見て，他社

とは違うやり方を考える必要性が出てくるのだ．それが，経営学でいう差別化戦略ということである．

いま日本の地方の工場は，自ら営業活動をし，自ら販売促進をしながら受注活動に必死である．これは，競争が厳しくなったため，今までやったことのない経営をやらざるを得ない状況に追い込まれているといえる．

■ 顧客ニーズの収集

また，企業には100年以上も前から続いている企業もあれば，10年も経たずに倒産してしまう企業もある．その違いは何かといえば，時代の要請に応えている企業かどうかという点である．時代の要請というのは大きい表現であるが，言い換えると大衆のニーズに応えている商品やサービスを提供し続けているか，ということである．

大衆のニーズとか顧客ニーズという言葉はいたるところで耳にするため，一見簡単なことのようなイメージを与えるが，実際は意外とニーズの収集は難しいものである．それはなぜかというと，大衆の数が多く，日本全体では1億人以上，顧客でも常時利用してくれる100人程度の顧客を指すのか，ときどき利用する1,000人程度まで広げるのか，利用してくれる可能性のある（潜在顧客という）10,000人まで対象とするのかによって，ニーズの収集方法が変わるし，収集のためのコストも変わってくる．しかも，定期的にニーズに応えていかなければ，徐々にズレが生じる．そうなれば，売上が減少する．つまり，企業は多くの費用をかけてニーズを収集し続けなければ売上が減少する可能性があるのだ．

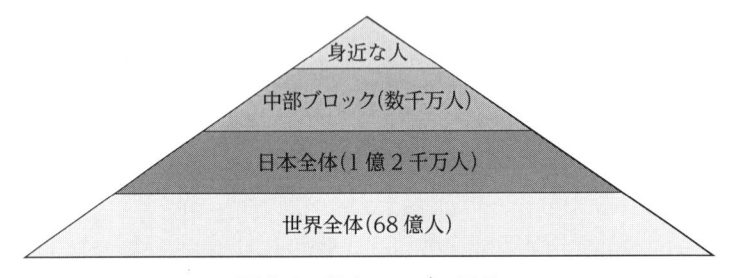

図2.1 顧客ニーズの区分

■ 環境への適応

ニーズを収集して，ニーズに合致した商品やサービスを提供し続けるということが大切だと言ったが，それは言い換えると，政治や経済，社会，技術といった世の中の動きに対応して合わせていく，ということに他ならない．

敷衍(ふえん)して言えば，地球環境を守ろうという世界的な動きから，無駄を省き，再生し利用できるものは進んでリサイクルしていこうという政治的・法律的な動きから，企業も環境保全活動に必要な経費をあらかじめ盛り込んでいかなければならないとして，環境会計の導入が進められている．

また，2008年のリーマンショック以降，欧米の金融経済が破綻しかかっているため，日本は欧米依存型経済からBRICs（ブラジル，ロシア，インド，中国のこと）やVISTA（ベトナム，インドネシア，南アフリカ，トルコ，アルゼンチンのこと）へのシフトを進めなければ輸出高の回復が難しい．また同時に，ドル安円高の為替相場に合わせた経営計画を立てないと為替差損のために大幅な赤字になったりする．こうしたことに対応していくことが，経済環境の変化に適応するということである．

社会環境の変化に対応することも重要である．その一つとして，少子高齢化がある．少子高齢化に伴って，学校間の競争が激しくなり，閉校に追い込まれる学校が増えてくる．そのため，差別化を図り特色をいくつも用意する必要が出てくる．

また，価値観が多様化してきたために従来のように効率的な大量生産型の生産体制が組めず，多品種少量生産にシフトせざるをえなくなり，工場では**多能工化**が促進され，同時に**セル生産体制**が敷かれるようになっている．その結果24色のカラーグラデーションを展開するアパレルショップが増えてきたが，実際の売れ筋は，黒と白とその他数色に限定される．価値観が多様化することで生産効率が低下するのと同時に，販売効率も低下している現象が出てきている．

さらに，女性が社会進出することにより，女性の買物時間が少なくなりカタログショッピングやインターネットショッピングの企業がいくつも誕生してきた．また単身者世帯が増えたり，晩婚化が進んだりしてくると，半加工食品や半調理食材などのいわゆる「中食」といわれるマーケットが成長している．こ

れらの現象は社会環境に適応してきた結果と言える．

最後に技術的な環境への対応としては，技術革新の進展からIT技術，マイクロエレクトロニクス（ME），新素材，バイオテクノロジーへの適応が考えられる．

われわれの身の周りを見ると，携帯電話でキャシュレスができたり，名詞のファイリングができたり，写真のアルバム化など技術の進歩は目覚しい．今時パソコンの一つや二つくらい駆使できないようでは，企業としても成り立たないであろう．

このように，政治や法律の動き（Politics），経済の動き（Economics），社会の動き（Social），技術の動き（Technology）の四つの動きを常に鑑みて経営活動を行っていかなければならない．

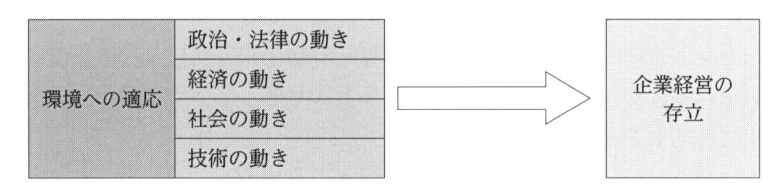

図 2.2　企業と環境との関係

■ **経営資源**

企業活動は何をもって行うのか，という原点に返った質問をすると，どのように答えることができるだろうか．一瞬社会人の方でも答えに窮するのではないだろうか．商品，機械，工場，建物，車，人，技術，……というような答えになるだろうか．もちろんこれらは必要なものであるかもしれない．

一般的には**ヒト・モノ・カネ**の三つが重要な経営資源といわれる．最近ではこれらに情報が加わったり，時間が加わったりする．これらの経営資源はどの企業にも無限にあるのではない．貴重なものばかりである．したがって大切にしかも効率良く使わなければならない．

特にヒトは企業の最も大切な財産であるといわれ，慎重に採用し，時間をかけて育成し，定年になっても雇用延長する．さらに，最近では従業員満足度（Employee Satisfaction）という指標が登場し話題になるくらい経営者にとっては大事な経営の尺度になりつつある．従業員の満足度が高い企業かどうかが，

客観的に問われる時代になってきているのである．

モノについても，企業経営そのものといっていいくらい重要である．企業はモノ（サービスを含む）を売ってはじめて収益が発生するからである．収益が発生して企業の目的である利益が生まれる．そのため，多くの企業人は売上高を上げ，費用を下げ，利益を上げるということが**ミッション**（使命）となる．

こんな簡単な理屈が実際には難しい仕事となる．その理由は競争が存在するということ，さらにモノが顧客のニーズにうまく合致していない可能性があること，などである．そのため，利益の上がっている企業はさらにその利益をモノの改良のために投資する．新商品開発投資や設備投資，研究開発投資といわれるものが，それである．

カネは，人体に喩えれば血液といわれるほど重要だ．特に求められるのはカネの流れ，すなわち**キャッシュフロー**である．血液の流れが良くないと人体に悪影響があるのと同様，企業においてもカネの流れが良くないと，資金繰りが悪化し，倒産の危険性が増す．そのため，大半の企業が銀行との取引を行い，いつでも短期借入ができるように気遣っている．

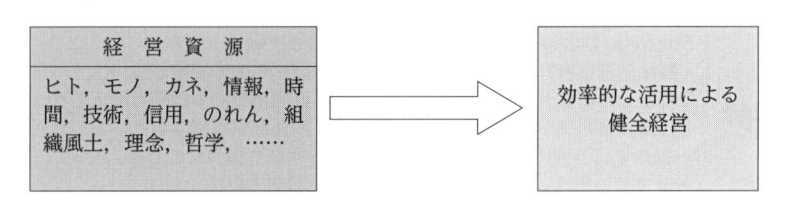

経営資源	
ヒト，モノ，カネ，情報，時間，技術，信用，のれん，組織風土，理念，哲学，……	⇒ 効率的な活用による健全経営

図 2.3　経営資源と経営の関係

■ SWOT 分析

人間とは，「他人のことは良く見えるが，自分のことは見えない」ものである．もちろん事業活動も同様で，ともすると他社のことは良く見えるが，自社のことになると全く見えていない企業が多数見受けられる．

そのため，外部の経営環境である，政治・法律の動き，経済の動き，社会の動き，技術動向，業界動向，ライバル他社の動きなどを把握しながら，経営の舵取りを行うことは極めて重要であることは「環境への適応」で述べたが，それに加えて内部環境である自社の経営資源のどこを強化し，どこから撤退するか（傾斜配分・重点配分）を考えることも大切である．なぜなら，経営資源は

無限でなく有限の貴重な財産であるため有効活用しなければならないからである.

なかでも外部経営環境が,自社にとって良い影響を与える機会になっているのか(順風・チャンス),あるいは自社にとって悪い影響を及ぼす脅威になっているのか(逆風・ピンチ)を判断し,なおかつ内部経営資源のなかで当社の強みである点と,弱点を客観的に判断し,それらの四つの要素を組み合わせて最適な戦略を練る,このことをそれぞれの英語(Strength, Weakness, Opportunity, Threat)の頭文字をとって,SWOT分析という.つまりSWOT分析は,外部環境の機会・脅威,内部環境の強み・弱みを分析するのである.何を外部要因として分析すればよいかというと,主に顧客と競合の二つに影響を与える要因である.SWOT分析で分析すべき内容は,1) 顧客 2) 競合 3) 自社 の三つになる.これが3C(Customer, Competitor, Company)というフレームワークである.

表 2.1 SWOT 分析

	好影響	悪影響
内部環境	Strength(強み) ・製品品質は優れている ・安定した顧客が多い ・社内の雰囲気が良い →強みをより強く →コアコンピタンス確立	Weakness(弱み) ・納期短縮の要請が強い ・低価格の海外製品が参入した ・系列取引が減少している →脅威を機会に転じる →発想の転換
外部環境	Opportunity(機会) ・納期短縮が重視されてきた ・海外からの引き合いがある ・他系列からの引き合いもある →機会を逃すな →機敏な対応	Threat(脅威) ・数年間利益が低下している ・営業と製造の間の連絡が悪い ・原価が正確に把握できない →弱みを顕在化させない →アウトソーシングの検討

クロスSWOT分析とは,SWOT分析をベースとして強み・弱みの内部環境と機会・脅威の外部環境をクロスさせ,さまざまな戦略オプションを検討する手法である.具体的には,

「強み×機会で積極的攻勢」――自社にとっての強みに,事業機会をぶつける!

「強み×脅威で差別化戦略」——他社にとっての脅威でも，自社の強みをぶつけて機会にする！

「弱み×機会で弱点強化」——事業機会があるので，自社の弱みを改善するか大損しない！

「弱み×脅威で防衛策」——業界の脅威と自社の弱みで，撤退しないためには！

クロスSWOTでは自社の現状分析を元に，それぞれ四つの戦略オプションが生まれる．これらの戦略オプションから自社の大きな戦略の方向性を絞り込み，次なる手を打っていくためのベースとなるわけだ．

■ 経営戦略

経営戦略という言葉は，多くのビジネスマンが日常的に使う言葉になってきたが，中心的なテーマである「戦略」という言葉は，本来は軍事用語である．この概念が企業経営に援用され，経営戦略が本格的に論じられるようになったのは，1950～60年代に入ってからである．この時期には多くの研究者による多くの文献があるが，中でも影響力があったのは，アルフレッド・チャンドラー，フィリップ・セルズニック，イゴール・アンゾフ，ピーター・ドラッカーらである．

「**組織は戦略に従う**」の命題で有名なアルフレッド・チャンドラーは，将来を見据えた長期的な視座の重要性を強調した．すなわち，個々の職能や部署を個別的に考えていくのではなく，戦略という長期的視座の下で職能間・部署間を包括的に調整することが重要であると主張したのである．

セルズニックは，組織という内的要因と環境という外的要因との適合性というアイデアを打ち出した．これは後に，SWOT分析に機会と脅威という新たな洞察をもたらすこととなった．

アンゾフは，市場浸透戦略，製品開発戦略，市場開拓戦略，多角化といった概念を，チャンドラーの概念を基礎として発展させた．彼は，これらの戦略を用いることで，将来の機会と挑戦のために体系的に備えることができると考えた．1965年に著した *Corporate Strategy* の中で，彼は「企業の現在地」と「企業のあるべき姿」のギャップを理解し，そのギャップが問題であるため，

そのギャップをなくすことが，すなわち問題解決である，というギャップ分析を披露した．これは，現在でも用いられる経営分析手法の一つである．

表 2.2　アンゾフの戦略マトリックス

市場 ＼ 製品	既存製品	新製品
既存市場	市場浸透戦略	製品開発戦略
新市場	市場開拓戦略	多角化

ドラッカーは経営に関する数多くの著作を残しているが，経営戦略という領域においては特に二つの貢献が重要であると言っている．第1の貢献は，「明確な目標のない組織は，舵のない舟のようだ」と，**目標の重要性を指摘した点**である．彼はこの考えを発展させて，目標管理（Management By Objectives）理論を導出した．第2の貢献は，現在の我々がいうところの**知的財産の重要性を予見していた**点である．彼は知識労働者（knowledge worker）の増加を予測し，知識労働者管理の重要性を指摘した．知識労働は非階層的であり，その知識は属人的であるため，知識の伝承が難しい．したがって最近は，知識管理（knowledge management）が重要になってきている．

■ 組織

組織とは，バーナード（C.I.Barnard）によると次の三つが組織存立の条件であるという：(1) コミュニケーション，(2) 貢献意欲，(3) 共通目的．すなわち，お互いに意思疎通の可能な複数の人たちが共通の目的を持ってそれを達成しようという意思を持つなら，そこには次第に組織が形成されるという．はじめのうちは自らの判断で他人と接し，他人の行動に応じて自らを規制し，また自らの不足しているところを他人に依存し，その時々の状況に応じた相互関係によって目的を達成する．

このような関係が長期にわたって続くうちに，役割を固定化し，その役割を果たす上で必要な他の活動との関係を決め，指令系統をはっきりさせ，できるだけ効率的に目的を達成するようになる．このようにしてできた役割分担の関

係，協働の秩序が組織なのである．

　役割分担をすることで，人数分以上の力を発揮できるようにしなければ，組織の機能が十分に発揮されているとは言い難い．組織とは，ただ単に人数分の仕事が増えたから人を増やし，役割分担させるものではない．共通の目的（例えば売上目標や経費削減目標など）を持った人間がお互いに意思疎通を頻繁に行い，協力し合い，助け合いながら大きな目標を達成するため，そこには人数分以上のプラスアルファが存在していなければならない．つまり**相乗効果**が存在するかどうかという点が，組織が活性化できているかどうかを測る物差しなのである．

　組織力は企業力と言い換えてもいい．企業力を判断する際のポイントとして，組織力，すなわち組織の生産性が高い組織かどうか，組織内の人は生き生きと仕事をしているかどうか，という点が極めて大切となる．

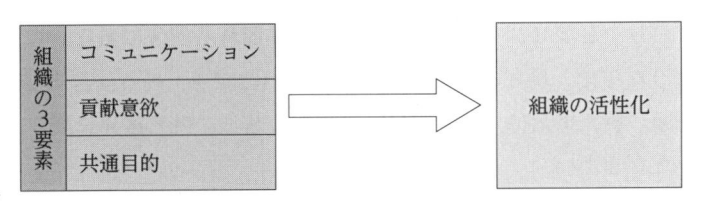

図 2.4　組織の要素と活性化

第 2 章の演習問題

〔業績向上しない中小サービス業の問題〕

　ある地方都市の A 市のシンボルとして街の中心街に立地した総合シティホテルは，150 人に上る多くの有力市民からの出資を受け，45,000 万円の資本金で 30 年前の 1980 年に創設され，翌年開業した．当初は当ホテルを上回る規模のホテルもなく，また当ホテルより優れた設備のホテルもなくまさに A 市のシンボルであり，A 市内ではほぼ独占に近い状況にあった．

　その後，結婚式場である B 社が 1996 年に開業し，さらに 2000 年に A 駅前に当ホテルの約 2 倍の宿泊室を持ち，チャペルも併設した C 社がオープンし，競争が激しくなって現在に至っている．

創業当初の経営陣は，地元A市の事業家の中で有力者といわれていた人たちが取締役に名を連ねており，そのなかでも1987年から17年間は六つの会社のオーナーであり地元ナンバーワンの名士と目されるF氏が社長を務めた．

　当ホテル創設の経緯どおり，取締役はA市の有力事業家10人近くが存在するが，いずれも月1回程度の会議に出席する程度の非常勤取締役であり無報酬であった．ここにもA市の街ぐるみで当ホテルを育てていこうとする地元有志の意気込みが感じられる．このように，A市の多くの人から出資を受け，競争相手も少なく，比較的恵まれた環境で誕生し，街のシンボルとして市民からも愛されたホテルが，なぜ開業以来実質赤字経営を続けてきたのか．取締役は実務執行者の2～3名を除いてほとんど無報酬で経営に参画しているような清廉潔白さでありながら，なぜ黒字にならなかったのか．

　A市シティホテルの過去の30年間の経営を知るものは，現在の執行役員の中には存在せず，元社長のF氏ぐらいである．しかし，F氏は5年前に自己破産しており，ヒアリング調査の対象者として憚れる状況にある．

　そのような中で，現在の役員に協力をしていただき，何とか過去30年の経営上の問題，経営構造についての以下の情報を基に，読者諸兄に問題点の究明をしていただきたい．

―― **ヒアリング情報** ――

① 5年前に都会の大手ホテルにてキャリアのある地元出身者がUターンしたいということで，採用することができ，現在はその人物が支配人となり中心的な人材として経営再建を行っている．しかし，経営についての知識や経営経験は乏しい．

② 現在の社長であるH氏は，A市の地元企業のほとんど（約50社）と税務契約を結んでいる地元最大の税理士であり，当ホテルの経営を任された背景は，地元有志の人望が厚いためで，経営能力が高いためではない．税務契約50社以上の税理士であるため多忙を極め，当ホテルの経営には，ほとんど注力できていない状況である．

③ 月1回程度の経営会議に参加する非常勤取締役といえども無報酬で経営

参画されている方々の精神は清廉潔白であると思われたが，F元社長を筆頭にG常務，I常務，J常務，K取締役の面々はいずれも自社企業と当ホテルとの取引関係にあった．
④ 今後の投資予定としてチャペルの増設とガーデンラウンジを併設し，売上の増強を図りたい．
⑤ 経営指標

	ホテル業平均 H15年	Aシティホテル H15年3月	Aシティホテル H16年3月
経営資本対営業利益率	2.7	1.8	1.7
経営資本回転率	0.7	0.4	0.5
売上高対営業利益率	5.1	4.1	3.6
従業員1人当たり粗利益高	7,853	5,218	5,765
売上高対総利益率	53.3	68.9	67.9
売上高対営業費率	48.2	64.8	64.2
粗利益高対人件費率	35.4	49.9	49.8

単位：％，千円

財務資料

① 売上高は開業から13年後の1955年までは比較的順調な推移をしているが，1996年にB社の開業で，前年対比13.2％約1億円の売上を落としている．また，2000年にC社が開業し，ここでも前年対比14.9％約1億円売上低下している．
② 減価償却費が1983年から87年までの5年間計上されていないのは，その間見かけ上の利益を出すためであり，実際は利益が出ておらず，借入金の返済もほとんど進んでいない．
③ 減価償却不足累計額が現在590百万円ある．
④ 1996年に前年に比べ大きく売上高を下げているが，人件費，清掃衛生費，リネンサプライ費，保守管理費，広告宣伝費，備品消耗品費，その他一般管理費など10大主要経費のうち，7費目で前年より増加させている．

⑤ 創業からの損益計算書

		1993	1994	1995	1996	1997	1998
		H5.3	H6.3	H7.3	H8.3	H9.3	H10.3
売上高		693693	702289	754,398	654,885	665,290	611,243
売上原価		239869	245180	262,737	213,828	222,604	202,897
売上総利益		453824	457109	491,661	441,057	442,687	408,347
一般管理費		400857	405868	433,124	411,464	405,752	383,657
	人件費	218638	216589	225,379	229,674	220,831	226,005
	水道光熱費	37186	34845	37,125	33,839	32,105	29,823
	賃借料	21031	22892	24,365	23,332	23,837	23,606
	清掃衛生費	25225	27042	27,732	29,280	28,385	28,173
	減価償却費	13002	21401	42,717	11,014	20,914	4,722
	リネンサプライ	13002	10406	11,111	11,412	10,741	10,171
	保守管理費	11133	10147	8,828	11,539	10,670	8,952
	広告宣伝費	7686	7373	5,957	5,993	5,249	4,946
	備品消耗品費	15202	13052	11,751	15,762	11,771	10,775
	一般管理費	61640	62546	55,867	61,374	58,269	52,205
営業利益		52967	51242	58,537	29,594	36,935	24,690
営業外収益		11350	10666	13,356	12,777	9,173	6,254
営業外費用		65984	65117	70,889	45,330	44,886	33,169
当期純利益		-1668	-3209	1,005	-2,960	1,005	-2,226

		1999年	2000年	2001年	2002年	2003年	2004年
		H11.3	H12.3	H13.3	H14.3	H15.3	H16.3
売上高		649,422	552,491	625,530	561,653	566,729	594,779
売上原価		208,983	160,576	190,307	171,385	176,399	191,198
売上総利益		440,439	391,915	435,223	390,268	390,330	403,581
一般管理費		411,292	381,051	402,669	373,673	367,078	382,027
	人件費	225,698	217,422	211,563	208,156	194,676	201,089
	水道光熱費	29,622	28,779	29,280	27,651	28,196	26,591
	賃借料	21,369	17,644	16,806	19,472	19,984	22,644

	清掃衛生費	28,598	27,920	25,946	24,530	20,594	20,555
	減価償却費	19,008	10,047	41,556	17,582	28,296	29,311
	リネンサプライ	11,182	8,031	8,297	8,055	7,637	8,640
	保守管理費	11,462	9,811	10,877	9,970	9,439	6,491
	広告宣伝費	5,091	5,908	5,076	6,022	5,846	6,880
	備品消耗品費	15,062	12,092	13,135	5,689	3,893	4,755
	一般管理費	64,353	61,397	58,344	58,257	58,256	66,706
営業利益		29,147	10,864	32,554	16,594	23,252	21,554
営業外収益		5,909	11,894	8,190	11,502	8,720	11,717
営業外費用		32,959	33,425	44,042	31,425	31,107	32,884
当期純利益		2,096	−10,666	−3,298	−3,328	−865	387

⑥ 部門別の売上計画書

	17年4月	18年4月	19年4月	20年4月	21年4月
フロント	90,970	94,500	94,500	94,500	94,500
レストラン	208,420	226,340	226,340	226,340	226,340
原価	68,958	74,368	74,368	74,368	74,368
宴会	155,050	175,000	175,000	175,000	175,000
原価	48,066	53,375	53,375	53,375	53,375
婚礼FB	80,948	116,840	116,840	116,840	116,840
原価	23,475	33,884	33,884	33,884	33,884
婚礼他	92,512	141,600	141,600	141,600	141,600
原価	69,847	106,200	106,200	106,200	106,200
その他	29,620	35,000	35,000	35,000	35,000
原価	7,628	7,699	7,699	7,699	7,699
合計	657,520	789,280	789,280	789,280	789,280
原価合計	217,974	275,526	275,526	275,526	275,526
原価率	33.2%	34.9%	34.9%	34.9%	34.9%

第3章

民間企業の経営戦略（2）
——大企業の問題

―〈本章を学ぶポイント〉―

1. 不誠実な経営姿勢や利益を追求しすぎることにより，法律（会社法，独占禁止法，製品表示法等）を犯しそうなる企業は，やがて大きなシッペ返しを受けることを覚悟しなければならない．
2. 大企業で比較的歴史のある業界では，業界の常識というものが存在する．過去はその常識に従っていれば，多くの企業でうまくいっていたのである．しかし，環境の変化の激しい現在では，**過去の常識が通用しなくなってきている**．そのことに気づく経営者かどうかは重要なことである．
3. 上司と部下の関係は，企業人にとって極めて重要な問題（**マネジメント**）である．その問題をうまく処理できれば，企業人人生が幸福になること間違いない．マネジメントの本質を考えると，それは人間心理を探究することに他ならない．

　本章では，民間企業のうち，大企業の経営戦略のなかで，成功しなかった事例をいくつか紹介し，その問題点を指摘する．
　日本には，中小企業が企業全体数の99％以上を占め，圧倒的に中小企業の比率が高い．そのため大企業の数は3,000社程度しかない．しかし，3,000社といえども世間的に有名な企業はそのうちの1,000社も満たないだろう．それだけに，大企業は世間からも注目され社会的存在感の高い会社といえるだろう．だからといって，大企業がすべて優良企業とはいえない．赤字を何年も続け倒産寸前の企業もあれば，その逆もある．業績の好不調は規模に関係があるのではなく，経営能力の問題であると思われる．

■ 企業不祥事とコンプライアンス

　最近食品製造業において製造期日の偽造などの不祥事がマスコミを賑わしている．内部告発によるものだろうと考えられるが，たとえ内部告発でなくても悪事はいずれ露見し，嘘はいつかバレるものである．企業経営というものは経営者の行動や人柄が色濃く出てくるものではないだろうか．社長だけが私腹を肥やし，高級外車を何台も購入したり，会社の経費で別荘を購入したりしていながら，一方で従業員に対して厳しい労働を押し付け，さらに給与も抑えていれば，やがてその反動が大きくなって返ってくる．従業員が取引先と癒着し賄賂を受け取るようになるかもしれないし，会社のお金を横領するようになるかもしれない．また経営陣に不正があれば，内部告発をするかもしれない．このような現象のうちのいくつかが不祥事となって世間に露見することとなれば，そのときの痛手は計り知れないほど大きいものとなる．京都府園部市に養鶏場を持つ鶏卵販売業は倒産し，雪印乳業の子会社で食肉の産地偽装をした雪印食品も倒産した．

　問題は，近年とみに話題になってきた**コンプライアンスに対する認識不足**である．「コンプライアンス（Compliance）」とは，社会のいろいろな組織において法律や規則などの基本的なルールを守って活動を行うことである．規程や倫理の遵守のことを指す．したがって，不祥事を起こさないように社内の倫理感を高めるような教育をすることはもちろんのこと，不祥事が発生したときの対応力が極めて重要となる．しかし，近年の不祥事を起こした企業のマスコミでの対応を見ていると，ほとんどの企業が，かえって**墓穴を掘る事態に陥っている**ケースが多い．

　「当社に限って返品されたものを混ぜて再生産するようなことは絶対にありません．……」といっておきながら，後日再生産をやっていたことが判明したり，「私は全く知らなかった．……」などと暗に従業員が自らの判断で不正を働いたような説明をしておきながら，後日トップの指示で不正が行われていたことが判明したりする．この期に及んでまだウソの発表をするつもりか，となって世間の怒りは倍増され，頂点に達する．

■ 人間心理を知る

著者が㈱さくら総合研究所に勤めていたとき，上司であるY部長は，「**報告をする時には，嘘だけは絶対言うな．……**」と常々部下に言って聞かせていた．その当時は，なんとシンプルな指示をする変な部長だという印象を持ったものであるが，実は人間の本質を鋭く衝いた名言であった．人間誰しも自分の立場を良くしたい，失敗をすれば出世に響くだろうから，できるだけ失敗は隠したい，ストレートに言わず言葉を濁して報告しよう，という心理が働く．そのため良い話だけが報告され，悪い話はなかなか伝わらないというのが組織の常である．その組織の通弊をY部長は見事にシンプルな言葉でいってのけたのである．その人間観たるや，さすがである．

翻って不祥事を起こした企業のトップは，この人間心理を知ってか知らずか，あまりにもお粗末な対応といわざるを得ない．コンプライアンスを理解していない経営者は，次の3点が守られていないから，傷が大きくなるのである．

1	不祥事が発覚すれば，先ず積極的にマスコミなどの媒体を使ってお詫び会見をする．
2	被害者が出ていればトップ自らが直接訪問し，誠意を持って謝罪する．
3	不祥事の原因を早急に究明し，判明次第すぐに改めて報告する．

上記の手順を誠意と迅速さ（この迅速さも誠意と受け取られる）をもって対応する必要がある．また，そうしなければコンプライアンスを理解している企業とは言えない．

防衛省のM元事務次官の証人喚問でも同じ状況を垣間見ることができる．コンプライアンスは企業だけのことではなく，官公庁などを含めてすべての組織に当てはまる問題である．そして，そこでの対応は**人間力が試される**ということであるのだ．

■ 業界の常識に囚われた社長

著者は十数年前に大証二部上場企業の経営再生の支援に携わる機会を得た．その企業は年商200億円を超える洋菓子製造業であった．先代の社長が70歳を越えても超ワンマン経営を行い，部下の誰もが反対できないという恐怖政

治を敷いていた．本人は高齢のため行動力がなくなり，消費者ニーズの変化など環境変化に対しても機敏な対応ができずに業績を悪化させていった．

さらに悪いことには，業績の悪化が小幅にとどまっていたため，会社の体裁を重んじた社長が本社ビルを数十億円かけて新築してしまった．メインバンクも過去10年間の決算内容が小幅な悪化にとどまっていたため，改善計画が盛り込まれた経営計画の真偽を見抜けず，数十億円の建設費を融資してしまったのである．

結果的にはその無謀な本社ビル建設の借入金が返済できなくなり，銀行の本部から救済の依頼を受けて著者が経営再建に臨んだという経緯である．

幸いなことに銀行の指導により，その時までに会社を私物化に近い放漫経営をしていた先代社長が解任され温厚な新社長が就任していた．そのため，経営改革に全社挙げて協力体制が敷かれ，数々の問題点が浮き彫りになった．

そこで抽出された問題は，次のとおりである．

1	業績データに関する管理が部署別，製品群別，営業所別，取引先別という戦略立案する際に欠かせない視点がなく，合算されたデータしかなく杜撰な管理であった．
2	仕入先や得意先の見直しについては，個々の担当者に任され，全社的に取り上げて検討するという得意先戦略の重要性を理解していなかった．
3	製品別の原価計算ができておらず，どの製品が利益貢献しているのか，どの製品が赤字なのかの製品群別利益貢献度分析ができていなかった．そのため，どの製品に力を入れるのかが意思統一されていなかった．
4	競合他社分析も不十分で，営業マンは競合他社を意識したセールストークができておらず，取引先の言いなりという弱い営業であった．
5	過去10年以上も専制君主型トップによる恐怖政治が敷かれていたため，従業員に積極性や明るさがなくなっており，モチベーションの低い組織になっていた．

上記以外にもいくつかあったが，これらは業績の低迷している企業の共通す

る問題点である．著者は，経営会議の席上，徹底して数字で仕事が判断できるような**データ中心主義**を提唱し，それにしたがって実際に行動するための具体策を全員の知恵を出して考えるという，**合議制の経営**を推進した．

さらに，製品の絞込み，顧客ターゲットの絞込みなど経営の基本が不十分な点は徹底的に経営理論に忠実に実行するように指導した．数ヶ月経ち業績が回復傾向に向かい始めたときに，どの企業でもあることだが，経営の基本的な理論を小馬鹿にし，「先生のおっしゃることはわからないではないですが，業界の常識からすればズレていますねぇ．……」「先生，そんなことよりも業界の常識では○○のようになっているのですよ．……」という業界の常識に囚われた役員が現れ，著者の指導に対して100%は実行しないようになってきた．

あるとき商品会議の席上で著者が，「ケーキは女性が好んで食べるという商品であれば，女性のもう一つの満足を満たすため，ダイエットケーキを開発すればどうでしょう？　そのため，砂糖の代わりに，ダイエット甘味料を使えばいかがでしょう？」と提案すれば，「先生，**ケーキは砂糖で作るのが**この**業界の常識なのです**」と一蹴されてしまった．その役員はその後社内勢力を拡大してついに社長に就任し，著者との経営指導契約を解消した．それからちょうど1年後，会社は結局回復しきれず，銀行は見放し，100年近い歴史の幕を閉じることになった．

■　マネジメントの本質

著者は職業柄，マネジメントを中心とした企業経営の指導をする機会が多い．企業の業績向上には社員の効率的な行動が不可欠であるからだ．過日も，ある企業で業績向上のための会議に出席して指導をしていたとき，部長が「なぜか

わからないが，指示をきちんと出しているのに，どうしても結果が伴ってこない」と嘆いていた．そこで，私は「どのような指示を出しているのですか」と指示内容の正確性を確認した．するとその部長は「販売している商品の売れない理由や欠品したケースの理由などをしっかりと調べて，報告しなさい．……」と比較的具体的な指示を出していたことがわかった．そこで，次に部下である主任に「きちんと報告しているのですか」と聞いてみた．返事は「報告しています」ということであった．

さて，このような上司と部下の指示・報告のやり取りは，多くの企業で行われていることである．問題はなぜ結果が伴ってこないのか，ということである．私は，ここに業績の向上ができない理由が隠されていると思っている．

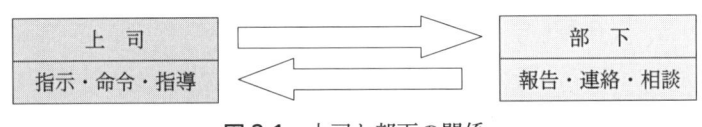

上司	→	部下
指示・命令・指導	←	報告・連絡・相談

図 3.1　上司と部下の関係

一般的にコミュニケーションにより伝達した内容は **50％程度逓減**する，と言われている．社長が部長に伝え，部長が課長に伝達する．さらに課長は係長に伝え，係長は主任に伝える．担当者に伝わるころには社長の意図した内容の 2 の 5 乗分の 1（3％強）しか伝わっていないことになる．さらに良くないことには，部下は上司の指示に対して多くの場合「わかりました」と返事をしてしまう．問題は**「わかりました」という返事の真意**である．

50％しかわかっていなくても「わかりました」という部下もいれば，20％～30％程度の理解でも「わかりました」という部下もいる．もちろん 80％や 90％の理解度で「わかりました」と胸を張る部下が多いのはいうまでもない．つまり部下という者は，**自分の理解力が低いと思われたくない心理**が働き，程度の差こそあれ**「わかりました」と返事をする生きもの**なのだ．

一方，上司は部下よりも知識や経験があり仕事に熟練している．したがって，自己のレベルで判断しがちとなり部下のレベルに落として指示をせず，難解な言葉や曖昧な言葉を使って指示をするときがある．また，忙しさを理由に，部下の「わかりました」を深く詮索する時間を惜しむ人もいる．

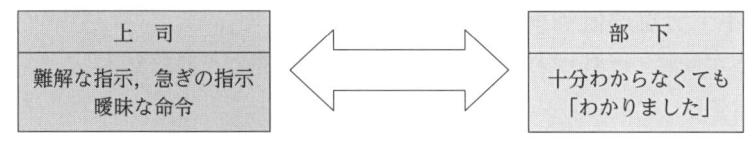

第 3 章◆民間企業の経営戦略（2）——大企業の問題　29

上　司	⟺	部　下
難解な指示，急ぎの指示　曖昧な命令		十分わからなくても「わかりました」

図 3.2　上下のコミュニケーションの現状

　コミュニケーションの受け手側（部下）の心理と送り手側（上司）の心配りがうまく融合して初めて100％に近いコミュニケーションが成り立つのである．

　先の企業の話で，主任が「部長に報告しています」と言ったとき，私が部長に「主任からの報告書は毎日部長の手元に届いていますか」と質問すると，主任は申し訳なさそうに「すみません．報告書の形では先月までに1～2回出しただけです．それからは自信を持って商品を販売していますので，調べていません．……」という答が返ってきた．私は「自信を持って商品を販売するのは大切なことですが，ここでの問題は売れない原因や欠品の理由を調べて上司に報告することですよね」と主任に諭すように言うと，主任はうなだれて小さく「そうです」といった．

　この企業のように，上司と部下あるいは部署と部署との意思疎通が充分でないことが，実は業績向上にとって大きな病巣となっているケースが意外と多い．元をただせば同じ会社の従業員で同じ目的を共有している仲間同士である．部下には悪気はないが100％の理解でなくても「わかりました」という習性を前提にして，**「腹のそこからわかり合える」**関係を築ける組織こそが，業績を向上できる組織といえるのである．

■ 不十分な原価管理

　著者が以前，一部上場企業の経営改革の支援に携わる機会を得たときの事例を紹介する．その企業は日本の産業の基礎といわれた鉄鋼業であった．経営状況を把握するため製造部門の効率化の進み具合をチェックしたり，営業部門の行動の効率化をチェックしたりして，直接収益にかかわる部署の把握とその行動の効率性を調査した．同時に費用の効率的使用についても精査した．当然一部上場企業ともなると，取扱品目も多く，購買先や販売先も多い．当時は伝票での管理が多くて，管理自体が結構な肉体労働であった．

　そんな中で，経営企画室の協力を得ながらデータの整理を行い，どの事業部が最も利益貢献度が高いのか，あるいは新規事業の売上高はそこそこの規模に成長してきたが利益は出ているのか，などについて伝票を繰りながら調査を進めた．そのときに感じたことだが，一部上場の大企業といえども業績データに関する管理が甘い企業があるということだ．外部の人間に指導をしてもらわなければ，事業部門別の損益計算書も作成できていなければ，新規事業の原価計算もできていなかったのである．当然，競合他社分析も不十分であった．

　特に問題であったのは，本業の鉄鋼事業の競争が激しいため，ほとんど業績拡大を見出せなかったときに，新規事業として新たな用途開発を行うことができ，順調に受注を増やせていたのだが，その新規事業は人手が新たにかかり，「原価調整」という名称で後日原価が増えるという複雑な仕組みであったため，当該事業の利益を明確に把握できていなかったのである．調査の結果，原価調整した後の事業利益は赤字であることが判明した．それを曖昧にしたまま，この会社はせっせと新規事業に活路を見出していたというわけだった．

　著者からすれば，自社の業績把握が不十分でなおかつ競合他社分析も不足していては，闇夜に航海するようなものであり，視界5mの行き当たりばったりの経営にならざるを得ない．それにもかかわらず経営者の部屋は立派で，社長には運転手と高級な社用車が付いていた．今から思えば，経営陣は経営者の振りをしていたただの権力者に過ぎなかったように思える．経営計画も存在するにはしていたが，実態が伴わず形骸化していた．業種が重厚長大産業であるから，その建物からして威厳のある雰囲気を持ち，社員も知らず知らずのうちに形式を重視する気風が備わっていたように思えた．事実，技術部長は，デザイン，

企画書，仕様書などは議論して中味を決めるべきところ，前例や外観，形式で自分の嗜好に合うものを決めていて，周囲から形式主義の難しい人物と思われていた．

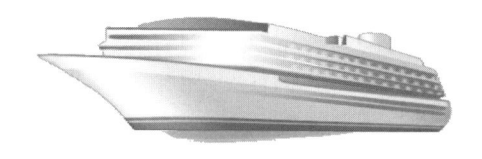

■ 原価計算の不備

このように格好だけ立派で中身が伴わない企業に後日再び遭遇した．大阪証券取引所二部上場の食品製造業である．この企業も製造の取扱品種が多く，原価計算が個々の製品まで対応できず，ドンブリ勘定の会計をしていた．ドンブリ勘定とは，1ヶ月の工場全体の経費と営業部門が販売価格を設定して売ってきた売上との差額を，粗利益（売上総利益）として認識できるレベルで，1ヶ月経たないと原価が決定しないため，個々の製品の原価などはまったく把握できないという状況であった．経理課長は伝票整理に追われて，製品群別損益データや部門別損益計算書など作る暇はない，と言っていた．実際は作る知識・能力が乏しいのであるが，正直なことをいう素直さはなく虚勢を張っていたように見えた．そこに形式主義的な社風を感じた．

この会社も肝心な業績データの把握ができていないため，部門別や製品群別の製品戦略が立てられておらず，購買先・仕入先の取引高だけでなく，物流費を除いた利益データが一覧表になっておらず，得意先戦略が立案できていなかった．また，販売先別の損益計算書もリベートが存在することを理由に作成していなかったため，販売戦略が立てられていなかった．

■ 戦略的管理会計の重要性

上記2社の事例は経営不振の企業に共通する業績データ管理が不十分という会計問題を抱えていた．製品別や部署別損益計算書は管理会計制度の基礎であり，戦略立案のための不可欠なデータである．それが，仮にいろいろな理由

があったとしても，不十分であるとすれば戦略は立てられないし，適切な経営判断もできない．経営者失格といってもよい．一部上場と二部上場の製造業でたまたまなのかどうかわからないが，同じような問題の企業に遭遇したのは，こうした戦略的管理会計は重要であるのだが，認識不足のために業績不振に陥っている大企業も時には存在する，ということだ．

売上向上が難しいときに，どのような対策があるかという場面では，相乗積の考え方を活用する方法がある．**相乗積**とは，売上高を変えることなく，会社全体の利益率を向上させる魔法のような手段である．会社全体や部門全体および企画全体の計画数値の推計や粗利益率予測，または数値の改善等に利用する．

表 3.1

部門	売上構成比（%）	粗利益率（%）	相乗積
A	10.0	▲10.0	▲1.00
B	15.0	5.0	0.75
C	20.0	20.0	4.00
D	30.0	25.0	7.50
E	15.0	15.0	2.25
F	10.0	10.0	1.00
合計	100.0	—	14.50

例えば表 3.1 で，B 部門の会社の中に占める売上構成比が 15.0％で，粗利益率が 5.0％の場合，相乗積は 0.75 となる．この相乗積の和が会社全体の利益率になるため，会社全体の利益率を 1 ポイントでも向上させるとき，粗利益率の最も高い D 部門の売上構成比とその次に高い C 部門の売上構成比を高め，その分粗利益率の低い A 部門や B 部門を割愛する，という考え方である．流通業などでは，商品ミックスとも呼ばれ，頻繁に使われる手法である．

次に，過去からよくある○○％値引きしたときの利益はどのようになるのか，というケースがある．これは本来瞬時にわからなければ，値引き対応できないはずである．しかし多くの企業は勘と経験とド根性（その頭文字で「KKD」という）で対応するから，後で困ったことになる．特に製造業では，製造原価を営業が熟知していないから問題である．こんなとき大切になるのが，**損益分**

岐点分析の考え方である．

販売価格が1,000円で，単位当りの変動費が600円の製品を月2万個生産販売し，固定費が月600万円であるとすると，損益分岐点売上高＝600万円÷40％＝1,500万円となる．

これに対して，販売量，単位当り変動費，固定費に変化がなく，販売価格を10％値下げした場合の利益と損益分岐点売上高は，表3.2のようになる．

このように10％値下げしただけで，この月の利益はゼロになる．販売量に変化がなく販売価格がわずか10％安くなるだけで，利益の200万円が吹っ飛んでしまう，という現実を理解し，認識することは大切であろう．

表3.2

	現　在	10％値下げ後
売上高	20,000,000 円	18,000,000 円
変動費	12,000,000 円	12,000,000 円
変動費率	60％	66.7％
限界利益	8,000,000 円	6,000,000 円
固定費	6,000,000 円	6,000,000 円
利　益	2,000,000 円	0 円
損益分岐点売上高	15,000,000 円	18,018,018 円
経営安全率	25％	−1％

■　不可能を可能にする経営戦略

学生に経営学の講義をしていると，「先生，企業にとって最も大事な仕事は何ですか」と時々原点に振り返えらせるような質問が飛んでくる．そこで私は「利益を上げることが最も重要だ」と答えるのだが，この一見当り前の利益を上げるということが，実は最も難しいことである．売上を上げるという行為と，経費を下げるという行為の大きく二つに分かれるのだが，このいずれもが奥深いのである．

まず売上を上げることだが，消費が成熟化し，競争が激しい現代において，並大抵の努力では難しい．従来の手法では達成できないような高い目標を設定し，それによって新しい発想による革新的なアイデアを引き出すようなことを

行わなければ（米国 GE 社の前 CEO，ジャック・ウエルチはストレッチと表現している），売上向上は望めない．**不可能という先入観を捨てること**が大切となる．

ソニーは平面ブラウン管を 1996 年に大ヒットさせたが，これは画面が平面のブラウン管は作ることは技術的に不可能であるという業界の常識を，試作品で一つひとつチャレンジしていったことから誕生したといわれる．また，三洋電機は 1999 年に排気の少ない掃除機を開発したが，その時もストレッチの考え方を試みている．1997 年当時は，掃除機市場は吸い込みの強さをめぐる競争の中にあり，多少の吸引力アップでは差別化できない状況にあった．その中で無排気は，モーターやコード・リールから出る熱の逃げ場がないという業界の常識では不可能な技術であった．それを試作機の製作からスタートさせ，排気をゼロではなく大幅な削減まで到達させたのである．

また，現場の知識や情報を活用し，意思決定の質を高めるための方法として上下のコミュニケーションを促進するために，階層の壁を取り除き，**組織をフラット化すること**で業績を上げている企業がある．医薬品やトイレタリー用品を生産販売している小林製薬である．同社は，常識を破るユニークな新商品を継続的に開発していくために，現場の一般社員からのアイデア提案を重視している．消費者と直接的に触れ合うことのできる現場社員の情報や問題意識が生活者と同じ視点のアイデアを生むと考えているからである．現場で出たアイデアをできるだけ早く製品化するために，現場と経営者との距離を短くし，両者のコミュニケーションを活発化させる組織改革が，フラット化であった．

次に経費を削減する行為であるが，これも人との関係において難しさが残る．合理化・省力化は日本企業の得意と言われるが，それは設備の革新・改善や工程の改善のことを指しているのであって，人員削減を指しているのではない．**安易に人員削減をすると，技術力の低下，モノづくりのノウハウが蓄積されない**というリスクが発生する．

その典型例がアイワ㈱である．同社はバブル崩壊後の低成長時代に，積極的に海外に工場移転し，海外生産比率を 90％，外部への委託生産比率も 50％にまで進めた．安い生産コストを武器に低価格のミニコンポやカラーテレビを量産することで好業績を維持していたように見えた．しかし，2000 年に赤字転

落してからは翌年には赤字幅が 400 億円弱まで拡大し，2002 年親会社のソニーに吸収され，アイワ㈱は解散した．低コストを追求するあまり海外にばかり目が向き，国内の設備投資を怠ったためにデジタル技術への対応が遅れ，モノづくりにおける新たなノウハウを社内に蓄積できなかったのである．つまり，短期的な環境対応にとらわれすぎて，長期的に発展させるべき人材育成や，技術基盤の構築ができなくなったのである．

第 3 章の演習問題

〔1．大企業の社長の苦悩〕

　大企業の社長になれば，何不自由のないすばらしい生活が送れるかといえば，そうでもなさそうだ．外部環境の変化に敏感に対応しなければ，業績は低下するし，従業員のやる気を維持・向上させなければければ，競争に負ける．利益をさらに高めなければ，株主から経営責任を追求されるし，品質管理をしっかりとしなければ，トヨタのように米国の消費者からの苦情を受け，マスコミに批判される．業績追求をしすぎると，JR 西日本のように脱線事故を起こしてしまう．このように，大企業のトップになればなるほど，心の休まる時がないくらいあらゆることに神経を張り巡らさなければならない．

　しかし，すべてをトップ一人が責任を負うのではなく，当然役割の分担があり，責任はそれぞれに分散される．一般的に大企業のトップが最も注力しなければならないことは何だと考えるか．

〔2．会社の利益を上げる工夫〕

　ある会社の事業部別実績表は次の表のとおりであった．事業部ごとの粗利率を変えることは，仕入先のメーカーの交渉力のほうが強く，容易に上げることができない．そこで，相乗積の考え方を導入して，売上高の構成割合を変えることにした．その結果，会社全体の粗利益率は 22.9％ から 25.3％ に向上させることができた．どのような売上高構成比に変更させたのだろうか．

事業部名	売上構成比（%）	粗利益率（%）	相乗積
A	40	22	8.8
B	30	25	7.5
C	20	18	3.6
D	10	30	3.0
合計	100		22.9

⇩

事業部名	売上構成比（%）	粗利益率（%）	相乗積
A		22	
B	30	25	7.5
C	10	18	1.8
D		30	
合計	100		25.3

第4章 民間企業の経営戦略具体例

――〈本章を学ぶポイント〉――

1. 業界ナンバーワンの企業といえども成長し続けるためには,いろいろな観点から改革していかなければならない点が存在する.経営には,これで安泰ということはなく,**常に改革・改善を進めなければいずれ衰退する**という宿命となっている.
2. 競争の激しい,いわゆる激戦市場で勝ち残るには,かなりのこだわった戦略が必要となる.その一つが,人材採用・人材教育に特化したやり方であり,また高価格な独自販売形式のやり方がある.
3. 日本のサービス業は世界の先進国と比較して生産性が低い,といわれている.そのため,日本の産業全体の生産性の足を引っ張る原因となっている,とも言われる.しかし,サービスの機能を徹底的に追及したり,サービスの本質を極めたりすることで,成功するサービス業が増えてきていることを理解してほしい.

　第2章と第3章では,業績の向上しない企業の経営について見てきたが,本章では経営戦略が奏功している企業,すなわち成功している企業の経営戦略を紹介する.
　一口に経営戦略と言っても,販売戦略がうまくいった例や人事戦略が奏功した例や経営理念が全従業員に浸透した結果うまくいった例など経営の幅は限りなく広い.
　本章では,経営戦略の奏功したいろいろな事例をできる限り紹介したい.

■ 日本一の洋菓子業を改革するリードタイム短縮戦略

　以前，知り合いの経営コンサルタントと食事をしたときの話である．彼は，著者が㈱日本総合研究所に勤務していたときの後輩である．ケーキとクッキーを中心とした洋菓子業日本一であるA社の指導をしていた話を聞いた．

　すべての百貨店の洋菓子コーナーの最善の場所に店舗を構えさせてもらえるほどのブランド力で，見た目も味も抜群のA社は，さすがに洋菓子業日本一の企業だから，改善すべきところはほとんどないのではと思われたが，そうでもなかったようだ．詳しく話を聞いていると，ケーキのリードタイムがやや遅いという悩みがあったようだ．関西に本社を置くA社は当初，関西一円に出店をしていたが，徐々に日本全国に店舗が広がっていくほどの評価を得たのである．そこで，関西エリアと関東エリアに工場が分かれケーキの出荷をしていたのだが，工場の勤務体制が午前9時から午後6時という一般的な時間帯であったため，その日に作ったケーキが翌日百貨店の店頭に並ぶ，という出荷体制であった．

　食品業界を得意とする後輩は，それでは**顧客に失礼**であると，判断したのである．ケーキは生ものである．すなわち鮮度が商品価値を左右することになる．そこで，生鮮食料品を扱う他社に習って，工場を24時間のフル操業体制にすべきと，提言したのである．社長はその提言を受け入れたものの急には工場の勤務体制を24時間にするのは難しいと思い，どうすべきか悩んだ．そこで社長はそのコンサルタントを，なんと取締役として採用し，生産管理担当として自身の提案を実行させようとした．

　取締役として採用された後輩は，実行しなければ自分の提案が空疎なものになってしまうものだから，さっそく工場の社員を集めて，「この工場を24時間体制にする」と発表した．

　驚いたのは，長年A社の工場で働いていたベテラン社員である．彼らにすれば，どこの馬の骨かもしれない人が急に取締役という肩書きで登場し，「徹夜してでも働け」という無茶苦茶なことを平然とした表情で言ってくるのだ．これには全員が反対した．すると，今度は「命令を聞けないのであれば，辞めてください」とまた平然という．結局，労働者側との対立が深まり，以前からいた社員はほぼ全員が退職することになったという．

それで，計画が頓挫したかというと，むしろその逆である．社員のほとんどが**パートに入れ替わり，人件費が軽減した**ばかりでなく，新しい人を即戦力として活用するために，**業務の標準化，マニュアル化を進め**，3交代勤務制を敷き，見事に24時間フル操業体制を実現させてしまった．

その結果，リードタイムが1日短縮し，廃棄ロスも減少し，A社の商品価値は益々高まっていった．

この話を聞き，いかに日本一の洋菓子業といえども，まだまだ改善すべきところはあるのだなあ，と改めて**経営の奥深さ**を学んだ思いである．いかに，商品の味（**品質**）や見た目（**デザイン**）が良くても，鮮度（**リードタイム**）や**価格，コスト**といった経営要素の一つひとつについて徹底して**改善を加えていくということには限度がない**のだ．

したがって，どのような企業であっても，先ずは自社の品質，デザイン，価格，コスト，リードタイムなど商品に関連するものを他社と比較し，どこに改善の余地があるかを常に見つめる必要がある．

■ 激戦市場で勝ち残る人材採用・人材教育戦略

先日，優良企業の調査で3～4社ほど企業訪問する機会があった．そのうちの一つは今流行のIT関連のコンピュータシステム会社である．コンピュータシステム会社というのは，ITバブル時代の寵児として爆発的に誕生し，その後バブルがはじけるように衰退していった業界である．大手企業は別格として，数人から数十人規模の中小規模のシステム会社は競争が激しくて生き残りが難しいと言われている．その業界で，10年前から成長を続け上場を果たした企業を訪問した．著者の興味は，この厳しい業界でなぜ成長を続けることができ

たのか，という点である．

そのポイントは，次の5点であった．

> ① 創業当時から代表者が，システム開発に関する能力を大手クライアントから高く評価をされており，独立しても引き続き，**その能力を買われて大手との取引**が続いていた．
> ② 独立して10人までの規模のときは，当然良い人材が集まらなくて困ったが，業績拡大をあせらずに我慢して徹底的に一人前のSEになるまで**人材教育に力を入れた**．
> ③ 一般的にコンピュータを好きになるような人間は，オタク的なマニアックな人間が多く，社会人としてのマナーに欠ける人間が多いが，その会社は，**社会性，すなわちマナーを重視した採用を堅持**し，採用後もコミュニケーション能力を鍛えた．
> ④ 採用者にはコンピュータシステムの教育を社内で行っていたが，それを**コンピュータ教育事業**にしてしまい，4ヶ月40万円の教育プログラムを作り，そのなかで**優秀な人材を即戦力として採用**していった．
> ⑤ 経営陣は5名で会議での**意思決定が早く**，仮に**間違った判断**をしても傷が浅く，改めて意思決定を行う，という**PDCAのサイクルを忠実に実行**している．

以上の5点は，できそうでなかなかできないものでトップの能力と言える．コンピュータ業界の企業には学んでいただきたい姿勢である．

■ 差別化のポイントはドクター抱え込み戦略

　次に訪問した企業は，医療関連のリース業である．大きいものではCT，MRIといった先端医療機器のリースから，小さいものでは病室のテレビなどの備品関係まで行う総合リース業である．しかし，この業界も企業数が多く，競争が激しく成長するのが難しい業界である．そこで，この会社が考え出した差別化のポイントは，次の4点である．

---

① 機械や備品だけではなく，**ファイナンスに目を向け，ドクターの開業支援**を行った．つまり，勤務医から開業する際の土地，建物，機械などの開業資金一式を面倒見たのである．そして，その後の経営上の悩みの相談，経営ノウハウの伝授などを行い，ドクターからの信頼を勝ち取っていき，長い付き合いを維持していった．

② 医療法改正の動きに応じて，調剤薬局の開設を新規事業部として立上げ，同時に薬剤師を採用していき，医薬分業を進めることで**ドクターの便宜を図る戦略**を採った．

③ 地元地域でのシェアを高めていくことで，東証2部上場を果たし，その市場での信用力を活かし，大手資本の**ライバル子会社の買収**に成功した．

④ 開業支援，高齢ドクターの経営する病院の第三者への移譲，勤務医の転職紹介など，総合的な**病院抱え込み戦略**を確立している．

　以上3社のケースからいくつかのポイントを指摘したが，いずれの企業も激しい競争の中で勝ち抜いてきている．そのために必死になって考えてい

る．どうすれば，顧客への信頼が得られるのか，どうすれば差別化ができるのか，など考え抜いている．

　重要なことは，そうした経営の基本項目に沿って一所懸命考えるということと，その後はすぐに実行するということである．仮に間違っていれば，修正すればよい．そうした**機敏な体質を有する**会社が，激しい競争の中で生き残れる企業になるのではないだろうか．

■　寡占市場に殴り込みをかけた高価格戦略

　今度は神戸に本社のある株式会社シャルレを紹介する．同社は 33 年前に設立された比較的新しい企業である．同社を取り巻く婦人下着業界は，ワコールとトリンプというガリバー企業が 2 大勢力を維持している市場であって，そのなかで後発の同社は参入が難しいだろうと考えられた．しかし，同社は驚くべきことに，2 大企業とは全く違う製品コンセプトで，全く違う販売方法を用い，独自路線で堂々と上場企業にまで成長したのである．

　その極めて参入障壁の高い婦人下着業界で，どのようにして上場するまで成長を遂げたのか，そのポイントを以下に抽出する．

> ① 独特な経営理念の確立
> 　創業者の林　雅晴氏は「人はみな豊かでなければならない　我々に関係ある人はみなどうしても豊かでなければならない」という考えを持ち，それを実践に向け努力した．一見希望的観測，理想的な内容ではあるが，現実には豊かでない人も多いはずだ．しかし，林氏は「豊かな心を持って，一度当社の商品を高い価格ですが使ってみて，豊かな気分になってください」というメッセージを伝えたかったということだ．
>
> ② 中高年の婦人の体型に基づき**本質を追及した**製品作り
> 　ワコールやトリンプも製品作りに努力しているが，シャルレの場合は，当初，中高年層をターゲットにしていたために，中高年になれば，出てくる体の崩れや肥満などによるシルエットの醜さをなんとか克服したいと願う裕福な婦人層の心をつかみ，厳選した素材を使い，心地よ

さ，着用感を重視した**下着の本質である本来の機能を追及したモノづくり**を行った．
③ 高価格な製品
本質を追求したことで，ワコールやトリンプの2大企業が販売していた価格の5倍から10倍近い高い価格の製品を作ることになってしまった．これも結局は売り方の工夫により高付加価値商品として業績拡大に大きく貢献することになった．
④ 独特な経営理念に基づいたパーティ形式の販売スタイル
高価格の製品であるため，通常の売り方では売れないことが予想された．そのため，真に製品価値を理解してもらわなければ売れないために，実際に試着していただくことを考えた．そこで，ホームパーティ形式で一人の有力な顧客に，その友人を自宅に集めてもらい，そこで，試着した姿をみんなで評価しあうというスタイルをとった．それがその後，連鎖販売システムとして，友人の顧客が，さらにその友人顧客を生みだしていくことで，業績拡大にうまく連動したのである．

以上の4点を指摘したが，特に2大企業が圧倒的なシェアを占める寡占業界で成功した要因は，②の**本質を追究した製品づくり**と④の**パーティ形式の販売スタイル**であろう．

すでに大手企業2社が市場を牛耳っている中で，似通った製品では参入できない．そこで，**徹底してこだわった製品を考える**，それが差別化につながり，さらに，こだわったぶん価格が高くなり，それをどのように販売するかという点においても，パーティ形式の連鎖販売方式が功を奏した．これも凡人ではなかなか思いつくものではない．そもそもの発想が①の「人はみな豊かでなければならない．われわれに関係ある人はみんなどうしても豊かでなければならない」という経営理念から出発しているため，裕福な婦人の趣味・嗜好，行動様式などを徹底的に考え抜いた．その結果ホームパーティ形式という奇抜な販売方法とそれを友人から友人への連鎖というシステムを編み出したのである．

■ サービスの本質を徹底して追及した機能性追究戦略

　今度はサービス業の成功例を紹介する．東京に本社のある株式会社鉄人化計画を訪問した．同社は 10 年前に設立された新しい企業で，同社の事業は「空間提供型アミューズメント施設の運営」というサービス業である．端的に言えばカラオケルームの経営である．この業界は，地元の中小サービス業が乱立する競争の激しい業界で，近年飲食大手のシダックスなどが参入しているが，あくまで本業の関連ビジネスとして参入している程度である．その中小乱立業界で，10 年前に後発組として参入し急成長を遂げ，なんと 4 年 7 カ月で東証マザーズに上場を果たしている．

　その**群を抜く成長の秘訣**を青年社長にインタビューし，伺うことができた．それは，次の 3 点である．

---

① サービスの本質を追究した結果，お客様にとって極めて便利で，レベルの高い選曲機能を持つリモコン端末の開発に至った．
② カラオケ人口の約 2 割程度のマニア層に的を絞り，一店舗 20 室という中型店舗モデルと新会員システムを含めた情報システムの組合せを典型モデルとして出店させた．
③ 従来のサービス業にありがちな，「接客サービス」や「おもてなし，心配り」といった**人的サービスは眼中になく**，むしろカラオケ店のサービスとは何か，という原点に戻り，**本質追究にこだわった**．

　サービス業の異端児ともいえる，従来の人的サービスからの脱却，それと当

該サービス業におけるサービスの本質へのこだわり，この点が群を抜く成長につながったようだ．

■ 顧客の喜びを体験させる体現化戦略

次に紹介するのは，三重県伊賀市にある農事組合法人の「モクモク手づくりファーム」である．同社は20年前に養豚農家19名が伊賀豚振興組合を設立したのが始まりである．

当時は良い素材のおいしい豚肉やハムを生産していたのだが，まったく知名度もなく近隣の住民にしか販売できていない状況であった．それから現在に至るまで大ブレークし，日本で3本の指に入るまでの農事法人に成長したのである．その成長の成功要因は次の4点である．

① 知名度を増すために，来場者に**自分で作るという体験とその成果に感動する**という場を提供するため，ウインナー手づくり教室などを開設した．

② 来場者を固定化・ファン化するために，バーベキュー，キャンプ，夜の肝試しなど**コミュニケーション重視のイベント**を企画し，実践した．

③ 売店を次々に出店するという営利目的をできるだけ排除し，**食と農のつながりを見えるようにすること**を事業のコンセプトとし，できるだけ**金儲けの臭いを避けた**．

④ ハムだけに止まらずに，農業全体をみていただこうと，地麦パン工房の設置，パスタ工房の設置，野菜塾市場の開設，地ビールの製造など従業員の出資を募り，生産拡大した．

その結果，年商40億円（2007年）職員127名にまで成長し，現在では採用枠5名のところ全国から職員志望の人が300名を超える程の人気ファームとなっている．

サービスは良いが知名度がないという事業体は結構多いはずである．このケースでも，当初はその悩みを抱えていたが，当事業の目的である自分で体験することへの喜び，感動（上記の①）を体験型イベントで地道に提供し（上記の②），見事に克服している．

上記の二つのサービス業に共通することは，当該事業のサービスとはどうあるべきか，顧客は何を求めているのか，を徹底的に追及し，考え抜いていることである．日本のサービス業の経営者たちに，是非参考にしていただきたいものである．

■ 強烈な問題意識と粘り強い事業化戦略

東京に本社のあるアニコム損害保険株式会社を訪問調査した．同社は9年前に設立した動物健康促進クラブという任意団体からスタートし，2005年に保険会社に格上げし免許申請手続きを行い，2007年12月に損害保険業として国から認可を受けた新しい企業である．保険業と銀行業は，すでに大企業が多く新規参入が極めて難しい業種である．それにも拘わらず同社社長の小森氏は，大手損保に勤務していた頃から，保険業のあるべき姿を実現しようと「保険料の適正化」を上司に訴え続けていた．その問題意識を実現するため，会社を辞め，時代のニーズに合致した「ペットの保険事業」からスタートしたのである．しかし，問題は，保険業として**認可を受けるまでに8年かかった**ことである．凡人なら，8年も辛抱強く我慢できなかっただろうが，小森氏の問題意識の高さ，**30歳代という若さ**が事業化への長い道のりに耐えるこ

とができたと思われる．

その忍耐力のおかげで，現在のペット保険業では日本で数社しかない企業として抜群の成長を続けている．その成長の秘訣を小森氏から伺うことができた．それは，次の3点である．

> ① 保険金支払データの分析を通じて，動物がケガをしない，病気にならないための情報の提供など，保険業の収益が減少しかねないケガや病気の**予防促進**に取り組んでいる．
> ② 運転免許証と同じ形式でペットの写真を添付した**保険カード**を作り，日本全国のすべての動物病院の診療を対象にした，飼主にわかりやすい商品を提供している．
> ③ **保険料の支払いは，人間の70％に対し，ペットは50％**に設定している．それは，保険料の支払いが高くなりすぎると，加入者が減ることを考慮した微妙な計算から設定している．

本事業成功の最大のポイントは，小森氏の**少々の困難にはへこたれず，できるまでやり抜く強靭な精神力**ではないか，と思われる．この点は是非とも学ぶ必要があろう．

■ 　**民営化による顧客サービス徹底化戦略**

次は，東京都千代田区にある区立図書館である．2007年5月にリニューアルすると同時に，指定管理者制度を適用し，株式会社ヴィアックスほか2社が共同で運営するという形態をとっている．館長は外部からスカウトされた図書

館業務のベテランで，他の職員も全員が民間会社に雇用された形をとっている．

　千代田区は区民が4万6千人に対し，昼間のビジネスマンが85万人と20倍近く増え，出版産業が集積するという際立った特徴があるため，それを生かすため千代田図書館は次の五つのコンセプトを設定している．

---

① **千代田ゲートウェイ**：コンシェルジュが，地域情報を案内し，本の町神保町と連携し，書籍の入手をサポートしている．

② **セカンドオフィス**：情報収集とミーティングができる環境を夜10時まで提供している．

③ **区民の書斎**：上質な読書空間を皇居前に形成している．

④ **歴史探究のジャングル**：第二次世界大戦前後の資料や内田嘉吉文庫を閲覧しやすく整理している．

⑤ **キッズセミナーフィールド**：託児サービスなどによる保護者へのリカレント学習環境を支援している．

　これらの**コンセプトを設定するということ自体が，画期的なこと**である．日本の図書館はほとんどが公立で，しかもすべてが同じサービスである．ところが欧米ではそれぞれの図書館に特徴があるのが普通だからだ．さらに，図書館サービスはどうあるべきかという原点から見直して，コンセプトを設定したと館長は言っていた．コンセプトの内容も素晴らしいが，この**原点回帰の精神**が成功の秘訣なのではないか．

第 4 章の演習問題

　この章では，いくつかの成功している企業，現在も成長し続けている組織を紹介した．これらの企業や組織体にはある共通した何かを持っている．それをいくつか答えなさい．

第5章

非営利組織の経営戦略（1）
——学校法人編

───〈本章を学ぶポイント〉───

1. 非営利組織の定義は6項目もあり，しっかりと理解しないと，「利益を生んではいけない組織だ」と誤解する恐れがある．
2. 非営利組織で最も（経済規模の）大きい組織は，**医療法人**，**学校法人**，**社会福祉法人**の3法人である．
3. 学校法人の経営において，予算の決定の仕方においても，予算委員会，企画運営会議，運営評議会，教授会，学長・学部長，理事長，事務局，理事会などかなり複雑な**意思決定機関が存在**しており，シンプルな組織行動が取れていないことがわかる．また，理事会で決定したことが経営上の事項であっても，教授会の反対により実行できない大学があり，企業のような**指揮命令系統に統一性**がなく，組織の混乱が伺える．

　本章では，非営利組織（以下 Non Profit Organization の略称でNPOとも言う）の経営戦略を解説する．その前に，NPOの定義，NPOの種類，NPOに働く人たちの数，経済規模などの基本的なこと，またNPOの役割，世界に比べ日本のNPOはどういう特徴があるのかなど，NPOの基本的概要について解説したうえで，非営利組織の経営戦略について検討する．

■ 非営利組織の定義

　NPOの世界的研究者であるアメリカのジョンズ・ホプキンス大学レスター・サラモン教授の定義が，日本の文献で最も多く引用されている．彼によると非営利組織であるための条件は次の六つであるとしている．

① 利潤を分配しないこと．NonprofitのNonは利潤を追求することではなく利潤の分配を否定している．しかしだからといって，営利組織のように利潤を積極的に求めて良いというのでもない．活動の結果，利潤が発生すれば，例えば学校法人のように組織本来の使命である教育のために再投資する，という考え方を採用している．

② 非政府であること．つまり政府の一部でないこと．政府も非営利組織であるため，政府と区別する意図から，非営利組織のことを民間非営利組織と区分していう場合がある．

③ フォーマルであること．組織としての体裁を整えているということである．必ずしも法人格を具備していることを要求していない．一度限りの集まりやインフォーマルな集まりは含まれない．

④ 自己統治していること．他の組織に支配されず独立して組織を運営しているということ．

⑤ 自発性の要素があること．自発的に組織され，寄付やボランティア労働力に部分的にせよ依存しているということ．活動のすべてがボランティアや寄付によって運営されていることを要求しているのではない．

⑥ 公益性があること．不特定多数の利益に奉仕し寄与するものであること．

　これらは，The Johns Hopkins Comparative Nonprofit Sector Project (JHCNP) と呼ばれる研究チームにおいて日本を含む先進7カ国と発展途上国5カ国の合計12カ国が対象国として選ばれ，集計された定義と言われている．しかし，非営利組織の先進国であるアメリカの実態が色濃く反映されているところが多く，日本の非営利組織の実態を必ずしも反映していない．例えば，③のフォーマル性に関する条件はボランティア組織には当てはめにくく，⑤の自発性の条件にある寄付やボランティア労働力に部分的に依存している項目は，医療法人や学校法人に当てはまらないところがある．

　そこで，本章では日本の非営利組織の実態を考慮に入れ，JHCNPの定義を

尊重しながらも，次のようなプライオリティを含めた考え方とする．

表 5.1　著者による NPO の定義

①利潤を分配しないこと
②積極的な利潤追求をしないこと
③非政府組織であること
④公益性があること
⑤組織化されていること

■ 非営利組織の種類

次に非営利組織にはどのような組織が該当するのかというと，次の表のとおりである．

表 5.2　「民間非営利活動団体に関する経済分析調査」の対象団体

公益法人等	公共法人・協同組合等	その他
社団法人（一般，公益） 財団法人　〃 学校法人 社会福祉法人 宗教法人 更生保護法人 労働組合 商工会・商工会議所	非政府性に適応せず該当なし	医療法人

出所：経済企画庁国民生活局編 1998b，9 頁，より

非営利活動団体に関する調査は，経済企画庁国民生活局のほかには，国民経済計算（SNA），JHCNP があるが，上表に掲載されている以外の組織団体である共済組合，厚生年金基金などは非政府性に不適応な組織であり，また協同組合などのように非営利性に不適応であったりする場合があり，上表からは除外されている．

■ 非営利組織の分野別就業者

日本の非営利組織に働く人たちは，1995 年の JHCNP のデータによるとフルタイム労働者に換算して 214 万人と推計されている（ただし，宗教法人を除く）．これは日本の非農業就業者数の 3.5％，サービス業就業者の 12.3％に相当する．これにボランティア労働力 70 万人（フルタイム換算）を加えれば

284万人になる.

政府部門(中央,地方,公営企業含む)の就業者数が538万人と比較すると,非営利組織の就業者は,その40%に相当する.かなりの雇用吸引力を持つものと考えられる.

表5.3 非営利組織の分野別就業者

単位:千人, %

分 野	就業者数	構成比
文化	66	3.1
教育・研究	481	22.5
医療	1,009	47.1
社会サービス	356	16.6
環境	8	0.4
コミュニティ開発	6	0.3
アドボカシー	4	0.2
フィランソロピー	4	0.2
国際	8	0.4
職業団体・労組	107	5.0
その他	91	4.3
宗教	148	―
合計	2,288	―
合計(宗教除く)	2,140	100.0

出所:山内直人『NPO入門』,日本経済新聞社,33頁,より

さらに,分野別の就業者をみると,医療が最も多く,次いで教育・研究,社会サービスと続く.上位3分野で86.2%を占め,その他の分野との格差は大きい.

■ 非営利組織の分野別経常支出

1995年における日本の非営利組織の経常支出は約22兆円になると推計され,これは同年のGDPの4.5%に相当する.この年の一般政府の消費支出額が78兆円であるから,これと比較しても決して小さなものではないことがわかる.

表5.4 非営利組織の分野別経常支出

単位：10億円，%

分　　野	経常支出	構成比
文化	485	2.2
教育・研究	5,641	25.7
医療	8,597	39.1
社会サービス	2,567	11.7
環境	25	0.1
コミュニティ開発	28	0.1
アドボカシー	18	0.1
フィランソロピー	121	0.5
国際	43	0.2
職業団体・労組	2,339	10.6
その他	2,118	9.6
宗教	2,363	—
合計	24,344	—
合計（宗教除く）	21,981	100.0

出所：山内直人『NPO入門』，日本経済新聞社，35頁，より

また，分野別の経常支出では，就業者と同様，医療が最も高く，次いで教育・研究，社会サービスの順になっている．これら3分野で全体の75%以上を占める．

■ NPOの役割

日本の非営利組織の研究は，1999年の3月に日本NPO学会が設立された事実を見ても10年ほどの歴史しかなく，研究の歴史は浅い．特に日本では，特有の官民関係に制度疲労が生じるなかで，公共サービス供給のもう一つの担い手として，NPOへの期待は非常に大きいものがある．多様な価値観の併存を受容する，真の市民社会を実現するために，NPOの果たすべき役割はきわめて重要であると考えられるからである．また，阪神・淡路大震災を契機に本格化したNPOの制度改革の動きは，3年あまりの歳月を経て，市民団体の法人格取得を容易にするための「特定非営利活動促進法」の国会成立までようや

く到達し，一つの節目を迎えたといえる．

このように NPO の活動は，経済社会にとって重要な役割を果たしており，政策的にも重要な位置を占めるようになっているが，NPO に関する客観的，科学的な現状分析は緒についたばかりであり，また経済社会における NPO の役割や制度・政策のあり方についても，十分な議論がなされているとは言いがたい状況にある．

民間非営利活動を対象とした研究・教育の現状をみると，複数の学問分野で，少数ではあるが，精鋭の研究者の手によってすでに研究が開始されているほか，いくつかの大学では，NPO やボランティアに関する学生や社会人を対象としたコースを開設している．しかし，残念ながら，現在のところさまざまな分野の研究者や実務家の間で，十分な議論が行われているとは言い難い状況にあり，NPO といえばボランティア組織の研究が中心であって，最大の規模である医療法人や学校法人の2大非営利組織の経営について正面から扱った研究は極めて少ないのが現状である．

■ NPO の経済規模

非営利組織の規模は，経済規模でいえば最も大きい組織が保険・医療・福祉関係（57.2％），ついで社会教育（46.8％）という順位[注1]になり，ボランティア組織や，フィランソロピー組織などは取るに足らない規模である．また，就業している人口規模からいっても，最も多いのが医療法人であり，ついで学校法人，社会福祉法人であり，ボランティア組織や寄付に依存する組織などは極めて零細規模となる．

しかしながら非営利組織や NPO といえば，ボランティア組織と同様に見てしまい，収益を上げてはいけない組織，儲けを考えてはいけない組織，無償で働かなければいけない組織といった慈善活動を行うイメージを持つ人が多い．ところが実際は**収益を上げ，利益を蓄積していかなければ，非営利組織といえども営利組織と同様につぶれてしまう．**

注1：内閣府ホームページ 「特定非営利活動法人の活動分野について」，2006年3月31日現在のデータ（複数回答による）

非営利組織は、儲けを生んでもいい組織なのである．いやそれどころか，儲けを生まなければ組織として継続発展しえないのである．跡田（2005）は、「過去，篤志家があまり育たず，寄付という概念になじみの薄かった日本では，とどのつまり，利益を上げてこそのNPOなのである」と看破している．[注2)

したがって，非営利組織の中で経済的にも労働人口的に見ても大きな学校法人と医療法人という2大非営利組織を扱い，それらのマネジメント，経営課題を正面から捉えることは，非営利組織の経営を論じる上では欠くことのできない視点であると考える．

■ NPOにも経営が必要

一般に経営学は20世紀初頭のアメリカで「企業のマネジメント理論」として生まれた．当時のアメリカは東部で急速な工業化の波が起き，生産規模の拡大とともに巨大企業が出現し始めていた．そこで，マネジメントの問題が必然的に重要課題となっていた．企業規模の拡大とともに業務管理の問題のみならず管理組織の運営の問題が重要になってくるからである．

このようにして生まれた企業のマネジメント理論とは、坂下（1992）は「経営学が企業をいかに運営すべきかについての実践的な示唆を提言することを義務づけられている理論である」と定義している．そしてそれは、「**戦略を立て，組織をつくり，人を動かす**という三つのマネジメント活動からなる」とも述べている．

このマネジメント理論の三つの活動は，決して企業だけのものではなく，非営利組織にも必要とされるようになってきた．なぜなら，非営利組織も組織を運営していく以上は，理念や方針・戦略を立て，営利組織や行政組織とのサービスの競争に勝つために効率的な組織運営を行い，職員のモチベーションを高めなければ，組織として機能しなくなってきたからである．

大学においては，理事長や学長のリーダーシップ不在のために，18歳人口減少の下，学部閉鎖などの縮小に追い込まれる法人は多い．これなどはマネジメント理論において，18歳人口という顧客市場の縮小に対し，十分な対応策

注2：跡田直澄『利益が上がるNPOの経済学』，2005年，㈱集英社インターナショナル，19頁

を考え，実行できなかったことが原因といえる．

また，医療においては少子高齢化に伴い産婦人科や小児科の患者数が減少し，総合病院だけではなく産婦人科，小児科の単科で開業する個人病院も閉鎖・閉院が増加傾向にある．これも市場の変化に対し，どのような対応策（戦略）を立て，その対応策・方針にあった組織をつくり，人を動かす，といったマネジメント理論の実践ができていない結果である．

このように従前の増加基調にあった人口構成から，減少基調に転じたわが国の人口構成の変化により，今までには考えられなかった変化が生じ，マネジメント能力が問われるようになってきたのである．

■ 学校法人のマネジメント

平成16年2月に日本私立学校振興・共済事業団によってまとめられた「学校法人の経営改善方策に関するアンケート」から学校法人のマネジメントレベルを探ってみる．

まず，帰属収支差額比率とは（帰属収入－消費支出）÷帰属収入×100で算出されるもので，この比率が高いほど自己資金が充実されることになり，経営に余裕があるものとみなすことができる指標である．企業で言えば売上高経常利益率と同じと見てよい．

この比率が悪化しており，平成9年度の実績値15.6%から平成14年度には4.9%にまで落ちている．さらに帰属収支差額比率が0%を下回っている法人は9年度の28法人（7.0%）から14年度には122法人（26.0%）に大幅増加しており，学校法人の経営状況の悪化は現実のものとなっている．

表5.5 帰属収支差額比率の推移

帰属収支差額比率	大学法人		短期大学法人	
	平成9年度	平成14年度	平成9年度	平成14年度
実績値（%）	15.6	4.9	11.4	－3.2
経営困難校（数）	28（7%）	122（26%）	38（15.8%）	79（44.4%）

出所：日本私立学校振興・共済事業団「学校法人の経営改善方策に関するアンケート」より

これらの状況において，どのような組織で，どのような経営行動をとってきたのかというマネジメントの観点で評価すると，

① 予算の決定の仕方においても，予算委員会，企画運営会議，運営評議会，教授会，学長・学部長，理事長，事務局，理事会などかなり複雑な意思決定機関が存在しており，シンプルな組織行動が取れていないことがわかる．
② また，理事会で決定したことが経営上の事項であっても，教授会の反対により実行できない大学があり（2003年日本私立学校振興・共催事業団調査で9.9％），企業のような指揮命令系統に統一性がなく，組織の混乱が伺える．
③ 人事考課制度を実施および検討している学校は50.4％（2003年日本私立学校振興・共催事業団調査）あるが，肝心の人事賃金制度の見直しができておらず，旧態依然とした年功的な俸給表を採用している法人が多い．そのため，教職員のモチベーションが上がらず改革が空回りし，なかなか成果が見出せていない．

上記の経営行動から判断すると，企業のマネジメントからすればまだまだ遅れた点があることがわかる．

■ 学校法人の業績悪化の原因を探る

日本の大学は，18歳人口の逓減と新規参入等による競争の激化などで，経営環境が約10年前から厳しくなってきている．しかしながら，経営環境の変化に対する改革は遅々として進まず年々帰属収入は減少し，支出の減少が収入の減少に追いつかず消費収支比率は毎年悪化している（下表5.6，5.7参照）．

表5.6　消費収支比率推移

単位：％

	H7	H8	H9	H10	H11	H12	H13	H14
消費収支比率	84.3	85.2	86.4	87.3	88.0	88.3	90.1	91.9

出所：日本私立学校振興・共済事業団「平成15年度版 今日の私学財政」より

表5.7　私立大学の帰属収支差額比率の比較

	平成5年	平成15年
帰属収支差額比率が0％以下の大学数	383校中53校(14％)	520校中149校(29％)

注）帰属収支差額比率＝(帰属収入−帰属支出)÷帰属収入

出所：「学校法人基礎調査」より

その理由としてはいくつか考えられる．第1に，これまで「大学を経営する」という概念自体が希薄であったということである．というのは著者が経営診断で関与した**ある大学**[注3]では，入学定員割れが続いているにもかかわらず，労働組合の反発を回避するため最大経費である人件費の削減に着手せず，また受験者を増加させる試みすらせず，損失を繰り延べていたからである．そもそも大学は文部科学省の認可の下に設置され，設置基準が厳しく企業のように安易に新規参入できなかったために，経営環境における競争が企業ほど厳しいものではなかった．また18歳人口が10年前までは増加基調にありかつ進学率も増加していたことなどから，比較的安定的な運営が維持できていたことも経営意識を希薄にする要因であった．

　第2に経営を担当する理事会が，いままでは本来の機能を果たしていなかった，という点が考えられる．著者が経営診断で関与したまた**別の大学**[注4]では，文部科学省の方針を説明し，それに則った大学運営を表明しただけで，独自の方針や計画を表明することなく理事会を終了していた．文部科学省の方針に従ってさえいれば，周囲から非難され，問題指摘されることがないという，「お上追随型」の経営感覚で運営されていたために，事なかれ主義の理事会，上からの方針に従うだけの受動的体質の理事会になっており，経営環境の変化に対応するという新しい試みには，周囲の取組み状況を見てからでないと行動しないという慎重かつ保守的な組織体質になってしまったと考えられる．

■ A大学の改革研究事例

> A大学の概要：学生数約6,500名　5学部10学科の総合大学，教員数約170名，職員数約150名の規模

注3：関西の4学部ある大学で，学生数約4,500名，教員数約140名，職員数約100名の規模である．経営改革のために診断に携わったが，トップが経営の門外漢で経営危機に陥っていたが，何ら対策を施していなかった．

注4：学生数600名，教員40名，職員30名の単科大学である．90年の伝統を持ち，付属学校6校を有し，学園全体としては中規模になる学校法人である．文部科学省の方針に忠実ではあるが，独自の方針が抽象的でわかりにくく，極めて保守的な学校であった．経営改革の依頼で講演したが，危機感に乏しい教員が多かった．

> 改革内容：事務局長の依頼で，人件費の高騰を抑えるための退職金の見直しおよびその抑制策の検討．その後，職員の賃金制度において年功型単純昇給表を廃止し，職能資格制度型に改定した．同時に人事考課制度の導入を図るため職員全員の職務調査を実施し，職能資格等級別のあるべき課題の整理および見直しを行った．

　この大学では，18歳人口低減状況を迎えて人件費の抑制をするため，人事賃金制度全般的な見直しを提言した改革事例である．そこで，体験した問題点として以下の諸点が挙げられる．

① 提案内容のうち事務局で承認されたことが，委員会で審議され，更に教授会，理事会，経営評議会に審議されるうちに，4年近く時間が経過し，現在も決定されていない．重要な案件とだからといって長く時間をかけると時機を逸するということが，理解できていない．（**意思決定システムの未整備，複雑な階層構造の意思決定システムの存在**）

② 職員の意識調査アンケートを実施した際に，部長クラスの管理職に公私混同の勤務態度があり，当該部門の職員のモラール（やる気，志気）を大きく低下させていた．（**管理職教育の欠如**）

③ 大学には抽象的な建学の精神（経営理念に類似）があるだけで具体的な組織目標がないため，教職員の勤務意識に統一性が見られず，個々人がバラバラの考え方や行動をとり，経営環境が悪化しつつある状況にあってもまとまりに欠けていた．（**リーダーシップの欠如**）

■　B大学の改善研究事例

> B大学の概要：学生数7,550名，4学部8学科の総合大学，教員数約130名，職員数約94名の規模
>
> 経営改善内容：職員全員に対して，階層別教育研修を行う．管理職に対してはマネジメント研修，マーケティング研修を行い，中堅職員に対しては業務上の問題解決の実習を行った．

この大学では，経営環境が悪化する前にしっかりとした経営基盤を築くための職員の能力向上を支援した事例である．そこで幹部職員にインタビュー調査により発見した事実を以下に記す．

① 学校法人会計の基本金制度や減価償却の考え方を十分理解しておらず，経費振替処理が中心業務の経理課長や財務分析を行ったことのない財務課長が存在していた．(**部門別教育研修の欠如**)

② 学長の出張手続や仮払金の精算事務が中心業務となっている庶務課長が存在していた．(**業務分掌規程の未整備，管理職教育の欠如**)

■ C 短期大学の改革研究事例

C 短期大学の概要：2 学科 200 名の定員の大学であるが，専攻科を含め 467 名の学生数，教職員数 41 名の規模である．
　　　　　　　　学園としては附属幼稚園 5 校，附属保育園 1 校，附属高等学校 1 校を持つ大都市のベッドタウンに位置する．
経営改革内容：来る 18 歳人口減少に対して，高齢層の教員が保守的な考えで改革を妨害する動きがあるのに対して，新理事長が若手教員に大学の意識改革プロジェクト，カリキュラム改革などを実施するのを支援した．同時に全教職員を集めて意識改革の研修を行った．

この短期大学は 80 歳を超す理事長が，環境の変化についていけないため，急きょ女婿を新理事長に就かせ，経営改革を行おうとしているところに新理事長から経営指導の依頼を受け，プロジェクト支援をしたときにヒアリングした事実である．

① 若手教員中心の改革プロジェクトが，ベテラン教員の反発を受けてプロジェクトが途中で頓挫していたのだが，それについて誰も関知することなく，放置されたままであった．(**リーダーシップの弱体化，業務推進力の希薄化**)

② 改革プロジェクトに反対するベテラン教員が多い．(**トップの方針に従わない教員の存在が問題**)

■ 経営改革事例等から導出された問題点

　経営改革のプロセスから見た上記の事実，また，研究レポートから浮かび上がってきた事実から，日本の大学の経営はいくつかの点において機能不全が見られた．トップマネジメントの資質，リーダーシップ力，意思決定システムの問題，職員の目的意識・目標達成意識・業務改革意識の問題，経営にとって重要な競争戦略の考え方，市場の概念や市場のポジショニングを意識した経営など多くの大学において不足している．以下に，それらを整理する．

1) 意思決定システムの未整備，複雑な階層構造の意思決定システムの存在
2) 管理職教育の欠如
3) トップマネジメントのリーダーシップの欠如，リーダーシップの弱体化，業務推進力の希薄化
4) 部門別・職能別教育研修の欠如
5) 業務分掌規程の未整備
6) トップの方針に従わない教員の存在

　これらは，能力ではなく環境の問題であると捉えれば，いままで大学の経営環境が比較的順調であったために，経営を強く意識することなく経過したためであって，その結果経営が遅れてしまったと著者は推察している．そこで，「日本の大学において経営・マネジメントが機能していない問題が存在する」という論点を提示し，それを第7章において検討していく．

第5章の演習問題

　今まで検討してきたように，学校法人では，民間企業と比べて経営が遅れた部分が多くの大学などで見られた．大学は高等教育機関であるため，優秀な人材が多く存在すると考えられるが，なぜ経営が民間企業に比べ劣ったところが見られるのだろうか，検討しなさい．

第6章 非営利組織の経営戦略（2）
——医療法人編

―――〈本章を学ぶポイント〉―――

1. 国民4人に1人が老人という高齢化社会に突入し，医療費は今後急速に増加する中で，病院経営の悪化が懸念される．
2. 医療法人は平成17年3月末現在で，40,030法人あり，それ以外に一人医師医療法人が33,057法人ある．医療法人のうち，社団法人が39,638法人で，財団法人が392法人となっている．
3. 病院経営は，一般の企業経営と違い，収入の大部分が公的保障である税や社会保険料に依存している．その結果，医療費財源がどのように確保されるか，また病床の規制が今後どのように行われるかが，病院経営を大きく左右する．

　本章では，非営利組織の3大組織のうち，医療法人を取り上げる．そもそも経営戦略は，軍事用語である「戦略」を民間企業の経営に取り入れたもので，敵を倒すための方法論である．その意味で，民間企業では競争にさらされ，多くのライバルがいるなかで事業を展開しているため，ライバル意識も旺盛であり，中長期の展望も有することが，当り前となっている．

　しかし，非営利組織では，「ライバルに勝つ」とか「中長期の将来展望」という考え方がそもそも乏しい．そのため，非営利組織の多くは，赤字体質の組織が多くなっている．問題は，なぜ経営ができない医療法人が多く存在するのか，その点を考えたい．

■ 医療法人の問題

　医療法人は，10年ほど前から厳しい経営状態に陥っているところが多く，経営を抜本的に見直さなければならない時期にきている．特に2000年4月から導入された介護保険制度は，療養型病床群への転換を促すなど病院経営の根幹に関わる影響を及ぼすものと思われる．さらに，薬価基準の単価引下げ，健康保険法改正による患者の個人負担割合の引上げをはじめとする国の医療費抑制政策は，今後一段と強力に推進されると考えられている．また，診療報酬の出来高払いから包括払いへの移行や，インフォームドコンセントの動きも今後より活発になると思われる．

　一方，国民の医療費負担は年間32兆円に達し，1990年から毎年1兆円規模で増える医療コストの上昇で，健康保険組合などは大幅に赤字となり，国民や企業の保険料負担は増えつづけている．1997年の医療制度改革で，病院窓口での負担も大幅に増加することになった．しかし，こうした負担増はまだ端緒についたところである．国民4人に1人が老人という高齢化社会に突入し，医療費は今後急速に増加する．そのうえ，少子化は予想以上のテンポで進みつつある．かつては高い経済成長でコスト増をある程度は吸収できたが，現在はそうしたレベルの経済成長は見込めそうもない．医療の無駄を省き，効率化を進めなければ，企業も国民も高負担に耐え切れず，日本経済全体の活力低下につながってしまう．

　このような状況下において，病院経営は一層厳しいものになり，経営の悪化が懸念される．直近の決算報告によると，平成12年まではいくぶん回復傾向にあるものの50％弱の民間病院が赤字で，90％強の自治体病院が赤字体質となっている（表6.1参照）．

　こうした時に医療を取り巻く諸規制を緩和して医療の効率を向上させようとするために，営利企業のように資金調達を私募債である「**病院債**」のような債権を発行して広く資金を集める仕組みが必要になってくると思われる．債権発行による資金調達は特別の禁止事項はないが，債権の配当金が利益の分配に当たるとの指摘があり，これが非営利組織では禁止されているため，実際にはほとんど債券が発行されていない．現在のように診療報酬だけに頼る片肺飛行の資金調達システムでは限界に達しており，高額設備の購入や建物施設の改修更

表6.1　経営種類別の病院経営の赤字比率

単位：％および実数

経営種類	平成8年	平成9年	平成10年	平成11年	平成12年	平成18年
全体	69.6	70.0	72.9	68.6	64.6	72.8
自治体病院	89.6	89.0	92.8	89.7	87.8	**90.7**
民間病院	39.1	40.6	39.6	32.1	31.7	47.3
病院総数	1,125	1,142	1,188	1,178	1,148	1,145

出所：全国公私病院連盟「Ⅵ．病院経営実態調査報告の年次推移」，2007年，より

新などの大口資金には対応できず，これからの病院経営が成り立たなくなってくると予測される．

さらには営利企業による病院経営の解禁も視野に入れなければならない．かつて電気通信産業や鉄道業，航空産業に見られるように規制緩和による競争原理の導入は，効率化をうながし経済効率を高めてきた経験がある．

本章では，医療法人が資産の総額の20％以上（水準は厚労省令による）の自己資本を有しなくてはならないという医療法41条に縛られ，事実上の資金調達は銀行借入れおよび寄付に限定されていることが，今日の病院経営を困難にしているのではないかという問題認識を持っている．また，非営利組織である病院が，公共性の使命を果たそうとして診療科目を増やし，収益性を犠牲にして不採算を覚悟で医療に専念しようとする崇高な理念の下で，経営を軽視しマネジメントを充分おこなっていないために発生している問題も少なくないことも提起したいと考えている．

■　医療法人の法的性格

医療法人とは，医療法の規定に基づき病院，診療所（常勤医師のいる），または老人保険施設を開設しようとする社団，あるいは財団が都道府県知事（一定の場合には厚生労働大臣）の許可を受けて設立される特別法人である．この制度の趣旨は，医療事業の経営主体が医業の非営利性を損なうことのない法人として，資金の集積を容易にするとともに，医療機関の経営に永続性を与え，これにより私人による医療機関の経営の困難さを緩和するところにある，としている．しかし，実際には医業収入と金融機関からの借入だけが資金の集積方

法であり，企業のように株式の発行による資金収集の道が，配当禁止という規定のため事実上閉ざされている．そのため現在は医療法人であっても3割強が赤字となっており，厳しい経営に陥っていることから，株式会社の病院参入がクローズアップされている．

■ 医療法人の種類

医療法人は平成20年3月末現在で，45,078法人あり，それ以外に一人医師医療法人が33,057法人ある．医療法人のうち，社団法人が43,638法人で，財団法人が1,034法人となっている．

社団法人立の医療法人は，出資持分の定めのあるものとないものがあるが，圧倒的に出資持分のあるもののほうが多くなっている．設立意思を持つものが社員となり，出資者を募り，その出資金をもとに運営する．

財団医療法人は，設立者の寄付行為により設立され，その者の意思に基づき運営される形態をとる．

特定医療法人は，医療の普及および向上，社会福祉への貢献その他公益の増進に著しく寄与し，かつ公的に運営されていることにつき政令で定める要件を満たすことが必要となる．この要件を承認するのは，納税地管轄税務署を経由して財務大臣が行うこととなっている．

■ 医療法人の運営形態

医療法人の運営は，意思決定機関としての社員総会，執行機関としての理事会，監査機関としての監事によって運営されることになっている．以下に，それぞれについて解説する．

(1) 社員総会

社員総会は，社員によって構成される，法人の最高意思決定機関であり，次の事項は社員総会の議決を必要とする．

①定款の変更 ②基本財産の設定および処分（担保提供を含む） ③毎事業年度の事業計画の決定および変更 ④収支予決算の決定 ⑤剰余金および損失金の処理 ⑥借入金額の最高限度の決定 ⑦社員の入社および除名 ⑧解散

⑨他の医療法人との合併契約の締結　⑩その他重要な事項
(2) 理事会
　理事会は理事によって構成される，法人の執行機関として位置づけられている．理事会の議決事項は，①社員総会に付議する事項　②その他理事長が付議する事項　などを規定する場合が多い．財団医療法人における理事会の機能は，社員総会の議決事項と概ね同じである．
(3) 監事
　監事は医療法人内部においてその財産状況や理事の業務執行を審査，監督する医療法人の機関であり，理事の執行機関としての位置づけに対して医療法人の監査機関であると考えられている．
　監事の職務権限については，①法人の財産の状況を監督すること　②理事の業務の執行の状況を監督すること　③財産の状況または業務の執行について「不整」の恐れがあることを発見したときはこれを社員総会または主務官庁に報告すること　④③の報告をするために必要があるときは社員総会を招集すること，などが規定されている．
　ここで「不整」とは，不正や違法という法的問題に限らず不当の意味も含んでいると解されている．（医療法第68条）

■　病院経営の特徴

　病院経営は，一般の企業経営と違い，収入の大部分が公的保障である税や社会保険料に依存している．そのため政府のとるさまざまな政策や規制の影響を強く受ける．医療費財源がどのように確保されるか，また病床の規制が今後どのように行われるかが，病院経営を大きく左右する．病院経営の目標として収入拡大型を目指すのか，経費縮小型を目指すのか，などを決定するとき，医療費政策やその制約要因となる経済成長の動向にも影響を受ける．
　一般の企業においては，この種の問題は企業努力によるところが大きい．すなわち先の二つの問題は一般企業の場合，両立する可能性が高いのに対し，医療の場合は政府がどのような医療費政策をとるかによって，いずれの戦略をとるべきかを判断しなければならない．
　実際に日本の病院は1980年代中頃までは拡張政策をとることが有利であっ

た．1987年頃からはじまった病床数の規制により，容易に病院の拡張ができなくなり，それでも病床数の拡大を図り，高額な医療機器を購入して事業の拡大を図った病院は現在厳しい経営となっている．これに対し，経費の削減を図り，そこで得た利益を老人保健施設の建設や，チェーン展開を図った病院は，現在安定した経営を行っている．

このように，政策に極めて大きな影響を受けやすい点が企業経営と違って病院経営の特徴といえる．

■ 医療法人の経営課題

厚生労働省健康政策局指導課が医療法人立病院の平成9年度決算を基礎に行った病院経営指標はすべての医療法人を対象にしたものであり，データ数が多いため画期的であった．それをもとに分析された内容から，経営不振病院の課題を指摘する．分析の視点は①機能性②収益性③生産性の三つである．

(1) 機能性

表6.2の外来/入院比をみると黒字病院と赤字病院との違いはないが，病床利用率を比べると黒字病院83.6％，赤字病院75.8％と7.8ポイントの開きがある．平均在院日数は黒字病院が赤字病院に比べて6.6日短くなっており，病床利用率の向上や平均在院日数の短縮が病院運営の成功の鍵と思われる．

表6.2 病院の機能性比較

単位：実数，％

機 能 性 項 目	全 体	黒 字	赤 字
外来/入院比（倍）	1.94	1.95	1.91
病床利用率（％）	81.7	83.6	75.8
平均在院日数（日）	39.7	38.4	45.0

出所：財団法人 医療経済機構「病院の経営持続性に関する研究」，平成9年，41頁，より

(2) 収益性

損益状況からみた黒字病院と赤字病院の収益性を比較すると（表6.3），人件費率，材料費率，経費率，委託費率，減価償却費率などすべての項目で黒字

病院の比率が低くなっている．人件費率で5.4ポイント，材料費率で1.5ポイント，経費率で2.2ポイントの差があり，委託費率も0.5ポイント低くなっている．このことから，黒字病院は経費の合理化努力をしており，人件費の適正化や在庫管理，購買努力をしていることが伺える．

表6.3　病院の収益性比較

単位：％

収益性項目	全体	黒字	赤字
人件費率	47.0	45.9	51.3
材料費率	28.0	27.7	29.2
経費率	15.0	14.5	16.7
委託費率	3.2	3.1	3.6
減価償却費率	3.7	3.6	4.0

出所：財団法人 医療経済機構「病院の経営持続性に関する研究」，平成9年，41頁，より

(3) 生産性

表6.4によると従業者1人当りの年間医業収入は，黒字病院12,088千円，赤字病院10,619千円となっており，黒字病院は赤字病院の1.14倍となっている．従事者1人当りの年間給与は黒字病院が若干高い数値を示しているが，常勤医師1人当りの年間給与は赤字病院が高くなっている．

労働生産性は，従事者1人当りの年間どれだけの付加価値を生み出しているかを示すものであるが，黒字病院は6,174千円，赤字病院は4,945千円で，

表6.4　病院の生産性比較

単位：千円，％

生産性項目	全体	黒字	赤字
従事者1人当り年間医業収益	11,744	12,088	10,619
従事者1人当り年間給与	5,523	5,546	5,447
常勤医師1人当り年間給与	12,745	12,667	13,020
労働生産性	5,886	6,174	4,945
労働分配率	93.8	89.8	110.2

出所：財団法人 医療経済機構「病院の経営持続性に関する研究」，平成9年，42頁，より

給与費と収益との関係がこの数値に現われている．

■ 行政から見た医療法人の課題

厚生労働省の医療法人に対する改善の基本的な姿勢は次の二つである．

(1) 医療の質の向上

医療の質の向上は，医療従事者の資質の向上とともに，質の高い医療提供の環境整備が課題であるとしている．そのために，①医師・歯科医師の臨床研修の必修化で，全人的診療能力をもつ医師・歯科医師を養成する，②根拠に基づく医療（EBM）の提供を行う，③電子カルテなどによる情報化の推進を行う，ことを課題としている．

(2) 医療の効率化の推進

医療の現状を見ると，発症まもない患者から長期間の療養生活を送っている患者までが混在しており，患者の適切な処遇という面でもふさわしくなく，かつ非効率な医療体制となっている．そのため，①医療改正において主として慢性期の患者が入院する療養病床と，その他の患者が入院する一般病床との二つに区分する，②一般病床は手厚い看護体制により入院期間の短縮化を目指す，③外来機能の機能分化を推進する，ことなどを課題としている．

■ 医療法人のマネジメント

現在，病院経営を取り巻く環境変化は診療報酬の抑制と，診療科目の専門化がある．このため，病床数過剰圧力の下で，多くの病院は今後どのような機能を担っていくべきなのか，選択を迫られている．さらに患者意識の向上や交通網の発達によって，地域住民の活動範囲，生活範囲が拡大し，病院選択の範囲も広がっている．こうした状況にもかかわらず，平成15年の厚生労働省の病院経営収支調査の表6.5によると赤字病院の比率が73.9％と依然高い水準が続いている．

黒字病院と赤字病院との比較において収益面と費用面での違いは，以下のとおりである．

第6章◆非営利組織の経営戦略(2)——医療法人編

表6.5 開設者別:黒字病院・赤字病院の施設数と構成比

単位:%

	一般病院		黒字		赤字	
	施設数	構成比	施設数	構成比	施設数	構成比
総　　数	1247	100.0	325	26.1	922	**73.9**
自治体病院	862	100.0	101	11.7	761	**88.3**
その他公的病院	270	100.0	150	55.6	120	44.2
社会保険病院	115	100.0	74	64.3	41	35.7

出所:厚生労働省の平成15年のデータより

表6.6 医業収益,医業費用の状況

単位:%,円

	自治体病院		その他公的病院		社会保険病院	
	黒字	赤字	黒字	赤字	黒字	赤字
入院収益	61.9	64.9	62.5	62.9	62.2	58.8
外来収益	33.8	31.0	32.5	32.3	30.6	32.8
病床利用率	84.7	78.3	83.5	79.3	81.4	76.7
患者1人1日当り入院収益	34,570	33,872	37,705	36,226	39,083	35,412
患者1人1日当り外来収益	9,170	8,313	10,100	9,575	9,585	9,534
医業収支比率	104.0	88.9	103.2	96.4	102.6	96.3
給与費比率	48.8	59.0	47.8	52.4	49.4	53.4
材料費比率	29.3	28.6	30.7	30.0	29.0	28.6
経費比率	6.4	8.1	6.8	7.0	7.1	7.6
委託費比率	5.8	8.2	5.2	6.0	5.7	6.5
減価償却費比率	5.2	7.6	5.2	6.9	5.5	7.0

出所:厚生労働省の平成15年のデータより

① 収益面での違いは,黒字病院は外来収益比率が高いのに対して,赤字病院は入院収益比率のほうが高い.しかも,病床利用率は黒字病院のほうが高い.

② 患者1人1日当りの入院収益と外来収益は,ともに黒字病院のほうが高い.

③ 費用面では,最大費用である給与費が,赤字病院が黒字病院に対して10ポイントも高い比率となっており,この差が医業収支に大きく影響してい

④ 次に大きい材料費は黒字病院のほうがむしろ高いが，経費比率と委託費率，減価償却費比率は1〜2ポイントずつ黒字病院のほうが低い．

上記の経営データから病院マネジメントの実態を推察すると，極めて脆弱と考えられる．まず，赤字病院の比率が高い，という点で経営管理のなかでも最も大切である収益性の管理が不十分であると考えられる．収益面での五つのデータと費用面での六つのデータでいずれも赤字病院のデータが黒字病院を下回っており，その中でも病床利用率が低く，給与比率が高い，という事実から，マネジメントが十分実施されていないことがわかる．

■ 病院の経営実態分析

医療法人を取巻く環境変化のなかで，日本の病院はどのような運営を行い，どのような問題を抱えているのかを以下で概観する．

表6.7 医療費の支出構成

支出項目	推計額（億円）	構成比（％）
医療費全体	321,111	100.0
人件費	153,491	47.8
医師・歯科医師	25,047	7.8
看護職員	25,368	7.9
薬剤師	6,101	1.9
その他	96,976	30.2
医薬品費	69,681	21.7
医療材料費	20,872	6.5
委託費	16,698	5.2
その他経費	60,369	18.8
その内減価償却費	13,487	4.2

出所：厚生労働省の2004年のデータより

(1) 医療費の支出構成から見た病院経営

上記の表6.7の病院の支出構成状況から，次の諸点が推察できる．一つは，病院は人件費が50％弱を占める労働集約型のサービス業であること．したがって，サービスを提供する医師，看護婦，その他医療スタッフが患者に対して誠意ある対応が収益の多寡に影響を及ぼすことを認識しなければならない，ということである．二つ目は医薬品の構成が21.7％と高いこと．実際医療機関には薬価差益をのせた金額が支払われているが，その差益は，減少傾向にある．三つ目は給食や検査などの業務を外部の業者に委託しているウエートが5.2％と低いこと．医療分野の外注化は経営効率を高めようとする病院ほど積極的であり，今後は外注化が進み委託比率が増加することが予測されている．財団法人医療関連サービス振興会によると，①患者給食，②医療廃棄物処理，③医療事務，④院内情報コンピュータシステムの伸びが高くなっている．四つ目は減価償却費が4.2％と低いことである．これは病院がいままで積極的に設備投資を行ってこなかったことを示すものである．その結果日本の病院は設備の老朽化しているところが多く，社会的資本としての医療機関の療養環境の整備が急がれている．

(2) 環境変化への対応の遅さ

企業は環境の変化に対応しなければ経営が成り立たないと言われるほど，環境への対応は重要な経営力の一つに挙げられているが，病院組織には，その認

表6.8 インフォームドコンセントに関する取組みへの自己評価

項目＼回答	十分	どちらともいえない	不十分	不明	計
患者の知る権利の尊重	14.6	53.2	29.4	2.8	100.0
患者の情報へのアクセス権の尊重	11.4	41.6	44.0	3.0	100.0
自己コントロール権の尊重	3.7	28.7	64.4	3.2	100.0
患者の自己決定権の尊重	17.9	46.2	32.4	3.4	100.0

出所：(社)日本看護協会「日本看護協会調査研究報告 NO.60」，2001年4月，より

識が乏しい．外部の経営環境として変化対応しなければならない一般的な要素に政治・法律に関する環境，経済環境，社会環境，技術環境などがあるが，それぞれの環境変化を常に整理把握し，対応策を戦略なり計画なりに落とし込んで行動している病院は少ない．例えば1990年から導入を勧められている「インフォームドコンセント」についての取組みは，日本看護協会の自己評価アンケートによると，十分できている病院が10年後でも20%にも満たない水準であることがわかる（表6.8参照）．

■ 経営診断事例による実態調査分析

著者が，日本総合研究所に在籍していたときに，いろいろな病院の経営を支援する機会を得た．その際に，インタビュー調査，フィールド調査等を行い把握した内容をもとに，以下に整理する（表6.9）．

表6.9 フィールド調査した病院の概要

単位：実数

	(1) 民間総合病院	(2) 市立総合病院	(3) 民間救急病院
設立年月	昭和10年	昭和22年	昭和57年5月
病床数	335床	266床	265床
職員数	535	324	185
診療科目	14科	9科	14科
経営状況	赤字	大幅赤字	若干赤字

出所：財団法人 医療経済機構「病院の経営持続性に関する研究」，平成9年，41頁，より

(1) 民間総合病院のケース

地元では古くから親しまれ，開業医から拡大発展してきた医療法人であるが，拡大路線がバブル崩壊後，綻（ほころ）びを見せはじめ苦境に陥った．土地の買収による増床を繰り返し，総合病院を目指しての診療科目の増設を行った．さらにはCTやMRIなどの高額医療機器の購入により多額の銀行借入れを行ったが，近隣病院との競争も激しくなり収益環境が悪化してきた．当該病院の問題点は次のように整理できる．

①経営見通しの甘さ

　拡大路線を目指すことは決して悪いことではないが，増床増設や医師の増員などは事前に周到な計画に基づいたものでなければならない．それが不十分であったことはやや見通しが甘かった．また，経営環境が変化することを考慮に入れ高額設備の一部をリース契約にするとか，職員をある程度の範囲までを嘱託契約にする，などのリスクマネジメントに関する配慮が必要であったが，将来の損益計画を綿密に作成していなかった．

②会計情報の未整備

　財務会計ベースの決算報告書はあるが，月々の数値データは保険請求用に整理されているだけで，費用が診療科目別にどれくらいかかったのかとか，医師や看護婦などの職種別の人件費はわかるが，診療科目別に人件費が配賦されて診療科目別の損益がどのようになっているのか，など経営判断できる資料に加工分析されていなかった．そのため，どこの診療科目を強化すべきか，どこを合理化すべきかの経営判断ができない状態であった．そこで，著者が表6.10のような診療科目別の損益分析を提示し，初めて診療科目別の損益状況を把握したという状況であり，会計情報の整備ができていなかった．

表6.10　診療科目別医業損益表

単位：百万円

科目	内科/胃腸	外科	整形外科	産婦人科	眼科	合計
外来収入	950	252	172	108	118	1,600
入院収入	849	438	144	271	121	1,823
収益計	1,799	690	316	379	239	3,423
給与費	793	361	248	230	141	1,773
材料費	955	328	129	66	77	1,555
経費	262	84	78	59	61	544
減価償却費	56	21	17	11	15	120
研究研修費	4	2	1	1	1	9
費用計	2,071	797	474	367	295	4,004
医業損益	▲221	▲91	▲148	29	▲52	▲581

③医療マーケティングの不足

　当該病院の収益悪化の原因の一つに，競合他病院の台頭があった．関西の都市部に位置する病院は競争過剰の状態にある．そのため当然ライバル病院の経営方針や診療科目構成（製品戦略），医師の評判，患者からの評価（顧客満足度），広告の方法（販売促進戦略）などをある程度意識した運営が必要となるはずであった．

　ところが実際は，診療圏分析どころかライバル病院がどこに存在するかすら認識せずに経営していた．この状態では，自院の提供できるサービスに患者を合わせるといったプロダクトアウトの治療行為であって，患者のニーズに最も合った医療サービスを提供するというマーケットインのサービスになっていないため，患者が減少するのも致し方ない，という認識であった．

(2) 市民総合病院のケース

　市役所の出納長を経験した者が市民病院の事務長として赴任し，病院の債務超過状況を改善するために，外部機関（著者が以前勤務していた㈱さくら総合研究所）に調査を依頼するという経緯である．そこでは市民総合病院の経営の杜撰さが随所に認められた．以下に，その問題をいくつか指摘する．

①マネジメント意識の欠如

　マネジメント意識が欠落しているのは，非営利組織の職員に見られる共通の問題点と考えられる．当病院では，日常の数値管理は，財務会計ベースだけの管理であり，半年ごとの半期締めか決算時期にならないと診療科目別の収入がわからないという状態であった．もちろん，人件費の診療科別配賦や薬品費や診療材料費などの医療材料費の診療科別配賦にいたっては全くできておらず，診療科目別の分析はほとんどできていなかった．病院であるから治療に専念するだけで，無駄を省くとか効率的な行動をするという経営的な発想はほとんどなかった．

　また，医事課などの管理部門では，市役所から定期異動として派遣される職員が数名在籍しているが，彼らも経営管理の意識が乏しいため，目先の仕事をこなすことに終始し，業績管理，分析ができていなかった．それらの結果が，

赤字が累積される一因と考えられる．
② 人件費の高騰

　医業収入に占める人件費率の高低が，経営の善し悪しを決める分岐点と考えられるほど，人件費率は重要なポイントである．というのは，病院は治療サービスを提供するサービス業であり，そのサービス提供者は医師，看護師等のヒトが中心であるからだ．

　公立病院の赤字の最大原因は人件費であると言われている．本ケースの病院では，市の特別職の給与で医師の人件費が決定され，それは単純号俸表で管理されているものであるため，毎年上昇を続け世間相場を大きく上回る額となっていた．そのため，医業収入に占める人件費率はいずれの病床も50％を超え，民間病院の人件費率を5ポイントから15ポイントも上回っていた（表6.11参照）．

表6.11　医業収益100に対する給与費比率設立別

単位：％

病床規模別	都道府県	市町村	その他公的	私的
20-99	101.6	75.9	69.8	57.5
100-199	50.0	66.0	60.9	56.4
200-299	62.2	64.1	52.5	57.3
300-399	66.6	58.7	52.5	57.1

出所：全国公私病院連盟「平成18年 病院経営実態調査報告」より

③ 医師のコスト意識不足

　医師の教育において，プライマリーケアの訓練ができていないため，若年医師は検査が多くなる．きちんとした医学知識と経験があれば，疾病の7割は診察だけで病名がわかると言われる．病気の3分の2は本来，プライマリーケアで解決できると言われている．しかし現実は医師と患者の対話が少ないから，あえて行わなくてもよい検査をし，与えなくてもよい薬を与えてしまうのである．レセプトなどで検査や投薬が多すぎるといったチェックはできても，患者の症状にあった検査や投薬かといった合理的で適切な行為かどうかの審査まではできない．そのため検査薬や治療薬を在庫として多く抱えるようになる．薬価差益の出る時代ではなくなってきているため，むしろ在庫管理が大変にな

り無駄な経費が発生していることに医師は気づいていないし，医師に教える職員がいないのが実態である．また，医師はそれぞれ個々人の治療方針に基づいて治療をしているため，処方する治療薬のメーカーが医師の好みにより変わってくる．そのため，同じ疾病に対して医師の数以上に多くの種類の薬を在庫しなければならないという無駄が発生していた．問題はその事実に誰も気がついていないという，驚くべきコスト意識の欠如であった．

(3) 民間救急救命病院のケース

　設立当初民間では珍しく癌専門病院として高次機能病院を目指してスタートしたが，癌末期症状の入院患者が続出し，「あの病院に行けば死体となって帰ってくる」という悪いイメージが定着した病院であった．その後，そのイメージを払拭するために当初の高次機能病院としてのコンセプトから変容を遂げ，一般医療や救急医療や予防医療を行うオールラウンド対応の病院にシフトしたのは良かったが，際立った特色や明確なポリシーを打ち出すことができず特徴のない病院になってしまった．当該病院で抽出された経営上の問題点は以下のとおりである．

①管理会計制度が未熟

　先ほど指摘した問題点と同様，病院全体の管理会計制度が確立できていない．とくに部門別管理ができていない．また，コンピュータの導入も遅れており，事務効率も悪くなっている．その結果経営資料が不足し，明確な方針や特色を出せない病院になっていた．

②組織間コミュニケーション不足

　総務，経理，医事課など事務管理部門のコミュニケーションが良くない．相互間連絡，連携が弱いため，非効率な組織運営となっていた．しかも非効率な組織運営であることを認識できていないため，職員間に協調しようとする意識も見られなかった．これは，組織のリーダーが組織の構成員に対し意思統一させ，目的遂行のために邁進させるという指導性，統率性が乏しいためと思われる．非営利組織である医療経営においては，営利組織と違い，利益を上げるという極めてわかりやすくかつシンプルな目標がないため，トップも明確な目標

を掲げられていないのが現状である．したがって，職員は組織目標や病院方針が不明確であるため淡々とルーティンワークをこなすだけであって，与えられた仕事をするだけで病院全体のことや事務部門全体のことを考えなくなっている，モチベーションの低い組織になっていた．

③患者搬送ネットワーク未確立

　大学病院，公立病院あるいは地域の診療所などの患者搬送ネットワークが確立されていないので，紹介されて来院する患者が少ない．そのため新規の患者が増えない．

　これは，患者のことや経営のことを真剣に考えていないために自院に来た患者に対し，自院で提供できる範囲の治療行為を事務的に遂行するといった医師が多いためである．その結果，ネットワークは確立されないのである．患者を顧客と考え，治療行為を医療サービスと考える営利法人的な発想があれば，患者搬送ネットワークは現在よりも発展するであろう．

④病院施設の刷新および拡充不足

　診療圏の拡大を目指すためには，駐車場設備の拡大は重要な経営課題である．しかし，当該病院は駐車場が手狭であった．また，外来患者のための待合室スペース拡充，待合室の清潔感の確保，受付応対者の接客マナーの習得なども大切な事であるが，これらの患者ニーズに対応できていなかった．

　当該病院は，300床を超える大病院なので，こうした経営に関わることがらは，すべて院長や事務局長が判断し実行するのではなく，営利組織によく見られる経営企画室のような機能を組織として設け，診療圏のニーズや患者のニーズを収集し，対応できる体制が必要であった．こうした点も現在の病院が非営利組織であるため，経営感覚が希薄になっているのであろう．

第6章の演習問題

1. 病院経営を大きく左右する要因には何があるか．
2. インフォームドコンセントとは何か．
3. 医療マーケティングとは，どういうことか．
4. プライマリーケアーとは何のことをいうのか．

第7章
非営利組織の経営戦略具体例

―――〈本章を学ぶポイント〉―――

1. 学校法人の問題に，教員と職員という2種類の組織がある．また医療法人の組織にも医師，看護師，その他医療関係者，事務職員という複雑な組織が存在する．これらの組織間の協力体制は重要な経営事項といえる．
2. 経営を実践する上で大切なことは，計画をして，実行して，その結果と実績のズレを反省する，というPDCAのマネジメントサイクルを回すことである．しかし，経営力の脆弱な非営利組織は，それが弱い．
3. 病院の使命は何か，という原点に帰って経営を行うことは，患者の安心・安全・便利を追及することである．

　第5章と第6章において，NPOのうち学校法人と医療法人の経営課題に検討しており，問題の多いNPOについて述べてきた．本章では，NPOの良い例を学校法人と，医療法人から取り上げ，非営利組織における経営戦略の奏功例を学ぶ．

■ 教育の原点を振り返った堀川の奇跡

　堀川の奇跡と呼ばれる，公立高校から国公立入学者数を7年で約20倍（6名から132名）に押し上げる成果を生むような学校改革を実施した人がいる．荒瀬克己校長である．

　名城大学都市情報学部のサービスサイエンスシンポジウムで2009年に基調講演をしていただいた．その時の話によると，受験を控えた高校3年生へ「みんな通ってきた道．つらい時もある，苦しい時もある，でも周りにみんないるよ」と集会で呼びかけて，指笛を吹いたり，生徒の考えてきた環境国際会議のメッセージをその場で教育委員会に持って行ったりといった，当意即妙な荒瀬先生の立ち居振舞いに感激した生徒が多い，というのである．そして大切なことはいつの時代も「**考え，行動することだ**」ということがわかった，という．

　荒瀬校長を「考え，行動する」ことに向かわせるきっかけとなったのは，堀川高校で一国語教師として勤務していた頃，公立中学校に通う娘さんの担任の先生から，娘さんに向けて「公立（高校）はアカン」と伝え聞いたことだそうである．

　その言葉に自らの改革の情熱に火がついた．しばらくして教育委員会へ異動し，公立高校のあるべき姿の模索し，提言する．また，堀川高校へ教頭として復帰という形で「公立高校をどうすべきか」という問題と向き合ってきたのである．

　堀川高校では，将来を見据えた上での進路選択を生徒に考えさせた．単に大学合格を目指すのではなく「何をやりたいか」，そのためには「どこの大学に行けばよいか」ということを生徒に考えさせる．これは小中学生の頃から「将来どうなりたいか，そのためにはどういう進路を取るのがベストか」ということを子供に考えさせる，あるいは一緒に考えることで，子供はしっかり自分で判断・行動していく」という習慣づけが大切であることを荒瀬氏の教育の原点にあったらしい．

　そのための方法論として堀川高校が設置したのが「**探求科**」である．現在，堀川高校は普通科2クラス・探究科4クラス編成となっており，「探求科」では週に2時間自分で決めたテーマについて研究する（なお，1年生はその基

礎となる事項を学ぶ）．よくぞ，公立高校でそのような大胆な改革ができたものだと感心させられた．この大胆なクラス改編が認められたのも，**荒瀬校長の強烈な問題意識**と，**教育への原点回帰**の考えが，保守的な周囲をも変革させたのだと思われる．

■ 教職員協調戦略

立命館は，立命館大学のほか大分県別府市にあるアジア太平洋大学を傘下に持ち，両大学の学生数は4万1,000人，教員1,100人，職員1,100人となっている．この他に，北海道・滋賀県・京都府下に付属高校・中学校をそれぞれ4校，昨年度開校したばかりの付属小学校（京都）をもっている．立命館大学は，2007年度「映像学部」を開設し，2008度は「生命科学部」と「薬学部」を設置した．学園全体の帰属収入は約700億円，消費支出約623億円で，これは5万4,000人の学生を擁する早稲田大学の7〜8割の水準である．

立命館大学の特長は何といっても立命館の**進取の気性**にある．実際，立命館のこの20年間の発展ぶりは，全国でも注目されている．1987年の国際関係学部の開設に始まり，政策科学部の発足，琵琶湖草津キャンパス（BKC）の新設と，文理融合してきた．一貫型教育の実践，そして2000年のアジア太平洋大学（APU）の新設と次々と新機軸を打ち出し，改革に取り組んだ．国家資金に依存することができない私学が，膨大な資金を必要とする学部や大学院の新設，成功するかどうかも分からない国際的大学の設置に向けて決断し，行動する際，教職員の間からどのくらいの抵抗と批判があったかは，容易に想像できる．

このような発展を企画し，実行に移してきたのが，立命館の経営中枢を歩いてきた川本八郎，現相談役であることはよく知られている．しかし，川本氏一人の力でこのような革命的ともいうべき変革，改革が実現したわけではないだろう．**「教職協働」**を合言葉に，教員と職員が真に対等なパートナーとしてそれぞれの持ち味，力を出し合ってきた結果であると考えられる．国立大学では，事務職員を対等のパートナーどころか，「使用人」「下僕」「間接部門」として下に見るような教員も少なくない．経営トップの指導力，先見性と決断力，教職協働の伝統，学園の発展性が改革できた要因であると思われる．

■ 顧客セグメント戦略

　関西国際大学の学長，濱名篤氏は，次のように自己の大学を分析している．本学のような後発の大学には，ユニバーサル化の影響が大きい．学習目的や学習習慣，モラルに至るまで多様な学生が入学してくる．教育目標の実現を図るには，厳格な成績評価制度（GPA）を導入し，学生をサポートする学習支援センターを開学と同時に設けた．その上で，入学前教育や初年次教育に早くから取り組んできた．

　2003年度から取り組む入学前教育では，学生が不安を抱いているもの，例えば授業の攻略法，レポート作成術など学習技術を学ぶ．海外でのワークショップといった体験型の要素も増やしている．

　高校から円滑な移行を図る初年次教育には，4科目，週6コマを使う．大学とは何なのかから始め，学習技術の授業もある．自分のことを聞かれても答えられず混沌とした状態で入学した学生に自己分析のしかたを教える．こうして学習目的や動機を育て，優秀な学生には専門領域への関心を深めるようにしている．

　小規模大学が何をしていくべきか．自立的な学習者の育成を最終目標に置き，人生観や世界観を考えさせる．それは学生を突き放すのではなく，ホスピタリティーに満ちた，かつ組織的なサポートを行うのである．他大学との差別化のポイントは少人数，そして面倒見のよさである．最後に大学教育の対象者を広く分類して考える必要がある．卒業生やシニア世代を，新たな学習者としてどう対象にしていくのかが課題であろう．

■ 組織管理戦略（方針管理制度の採用）

　静岡産業大学の大坪学長は，厳しい環境の中での大学再生には，戦略の再構築が重要だとして「大学の理念とミッション」を提起している．教育に特化した新しい大学モデルづくりを掲げ，授業料に値する教育の品質を問うとともに，教員にそのための教育のプロへの変身を求めた．戦略は，大学全体の行動の長期の基盤をなすものであり，建学の精神を誰でもわかるように達成目標として具体的に示し，構成員に伝達し続ける必要がある．それに基づき年度ごとの学長方針，学部長方針を立案，提示する，というものである．

ここまでは多くの大学でも見られるが，優れているのは，この方針の達成度報告など，フィードバック体制，コミュニケーションシステムを整備した点だ．学長用，学部長・事務局長用，委員会用，教員・職員用に作られた報告書の書式は，分担された課題の遂行状況をチェックするとともに，実践にあたっての問題点や課題，提案や要望，工夫，私の貢献策などをも記載するようになっている．「方針管理制度」と総称されるこれらのシステムは，掲げた戦略を適切に具体化し，推進するうえで極めて重要だと位置づけている．

すなわち，学長方針などでテーマごとに執行責任者を明確にし，その進捗状況を月次，四半期次，年次でチェックするとともに，積極的に提案やアイディアを組織している．さらに重要なのは，これらの報告書を一冊にまとめて閲覧，配布することによって，情報の公開と政策・方針の共有を図っている点である．

また，大学運営においても教授会の性格を審議機関として明確にしつつ，方針の具体化にあたっては委員会機能を重視し，重要なテーマについては特別な委員会を組織するなど，委員会審議を活性化させている．正規教授会は短時間で終了するが，全教員を実質的な議論に巻き込む参加型の運営で政策の具体化を図り，実効性を担保している．

■ コミュニケーション戦略（ビジョンと長期計画の浸透）

日本福祉大学では，1990年代から長期計画を策定し，それに基づく運営を行ってきた．当大学が全学のビジョンや長期計画を重視する理由は次の三つである．

1) 大学の目指す基本方向を指し示す明確な旗印を掲げ，全学一致を作り出す点だ．大学のような教育事業体では，ベクトルの一致なしには改革への力の集中は困難である．
2) 即効性に欠ける教育・研究改革を基礎に，困難な社会的評価を獲得するには，単発のイメージ作戦では無理で，目標実現への総合的施策や年次計画が欠かせない．
3) 政策重点を明らかにして，資源の重点投下を可能とすることにある．

また，2000年から5か年計画で取り組まれてきた当大学の長期計画の柱は，次の5点である．

① 「人間福祉複合系」の大学づくりである．人間福祉を核に，学部，学問を複合させ，「福祉経営学部」「人間福祉情報学科」などを開設してきた．
② インターネットを使った通信教育部の設置など生涯学習型の学園建設だ．社会人市場への参入とともに，通信・通学融合の新たな教育システム創出に挑戦している．
③ 地元・知多地域や多くの自治体などとの社会連携事業を核とする社会貢献型大学建設だ．自治体との友好協力協定の締結なども進めている．
④ 全国トップに立つ「社会福祉士」合格など福祉マインドを持った専門人材の育成．
⑤ 人事・財務の構造改革の推進である．

 こうした戦略の一致や政策の具体化のためには，経営と教学，トップと現場との間での意思疎通が不可欠である．当大学では，経営・教学機関の間に恒常的な政策統合，政策推進機関を置き，テーマのレベルに応じてその一致や具体化を推進している．さらに大学としての単一の意思決定組織も重要で，代議制で学部を統合する「大学評議会」がその役割を担う．また，理事会の強化，執行体制の整備も課題となる．当大学は2003年度より「執行役員制」を新設した．これは，理事会決定の執行に責任を負いきる体制を強化するため，拡大する事業分野を適切に分担し，実効性のある執行管理を行う点にある．執行役員の個人責任を重視した運営を強化し，事業執行から収益管理まで一貫した責任体制を構築することにより，目標遂行を目指している．また，政策の実現には，現場にいて，市場とニーズに向き合う職員のプロフェッショナル化が欠かせない．戦略遂行を担う職員の開発力とマネジメント力量の向上もまた，大学の経営力を左右する要となっている．

■ マネジメントサイクルの徹底

 広島工業大学を設置する学校法人鶴学園は，小学校，中学校，三つの高等学校，大学（工学部・情報学部・環境学部）・大学院などを持つ，8,000名規模の総合学園である．建学の精神に「教育は愛なり」，教育方針に「常に神と共に歩み社会に奉仕する」を掲げ，この理念と目標を実現するため「長期運営大

綱」（平成18年度〜27年度）が制定されている．ここでは，①特色ある教育の実現，②各学校の連携・協力の強化，③教職員の意識改革と研修の充実，④財政基盤の確立の四つの柱を掲げ，その実現のための五つの計画を策定している．第1は教育の特色化と「鶴学園ブランド」の創出，第2に大学教育の質の向上で，新分野の学部創設や異分野と融合した学科の新設も進め，女子学生比率も高める．第3に小学校からの「12年一貫教育」の実現により，旧来の六・三・三制度にとらわれない独自のカリキュラム体系を創出し，県内外で卓越した教育を作り上げる．第4に社会的な要請の変化に対応した専門学校，高校の再編，第5にキャンパスの計画的な整備を提起している．

　優れているのは，この中長期戦略を具体化するため，年度運営計画（事業計画）を策定し，実行計画や予算編成に落とし込んで，その実現を図っている点にある．7月の運営計画概要の提出に始まり，その理事長総括作業，予算編成方針の立案，理事長予算査定を経て，運営計画と予算を確定し，年度末に実施状況について，事業報告書として取りまとめるPDCAサイクルを年間スケジュールとして確立している．

　この推進の中核は鶴理事長をトップとする理事会であり，昨年は理事会が17回，評議員会が6回開催されている．また，日常経営業務の執行にあたっては，理事長を座長に「朝のミーティング」を，基本的に毎日9時15分から1時間程度行っており，副総長，学長，事務局長や関係者が出席している．ここで，すべての経営業務，教学の基本事項などが協議され，さまざまな情報交換が行われるため，煩雑な学内の会議運営を省いて，迅速な意思決定や執行が図られる．また，教授会，大学協議会等の教学機関の会議にも，基本的に理事長，副総長は毎回出席することになっており，経営・教学の連携が実質的に図られる仕組みとなっている．

■ 人事戦略と情報戦略

　星城大学（学校法人名古屋石田学園）は，平成14年に短期大学を改組転換して設立された，経営学部とリハビリテーション学部を持つ大学である．前身の名古屋明徳短期大学は平成元年に開学したが，募集困難から平成13年に募集停止した．4年制大学の設置にあたっては，これまでの短大教育の延長で考

えず，まったく新しい分野に進出した．そのために短大教員は雇用を継続せず，短大閉校とともに，いったん全員を退職とし，4大への申請の中で，文部科学省の審査を通る人のみを再雇用するという方法で，新分野への思い切った転換を実現させた．

そのうえで全教員に5年の任期制を導入し，授業改善や教育力量の向上を柱とした教員評価制度を実施している．教育の特色はeラーニングの導入と徹底した教育のIT化の推進だ．全学生にノートパソコンを携帯させ，紙の教科書は使わず，すべて電子テキストとした．教員は授業の1週間前には教材や授業内容をパソコン上に準備し，学生はそれを通して予習も復習もできる．また，授業内容は生放送で全教員に公開されるシステムで，教育改善システムとしても機能する．学生募集も高倍率を維持し，好調だ．

こうした成果が上げられたのは，4大の設立時に招かれた今村裕事務局長が，学部長予定者と協力しながら大学設置に一から携わり，新学部の特色づくりから教員人事編成，文科省申請までを一貫して担い，斬新な大学づくりを進めた点が挙げられる．経営側も，こうした新たな試みを積極的に評価し，細かい指示をするのではなく，大学設立準備委員会のメンバーの力に依拠し，その提案に基づいて基本政策を決定していった．

名古屋石田学園は，法人本部会議と，その素案を準備する戦略会議を軸に運営されている．法人本部会議は月1回，理事長，学長，法人本部長，常務理事，法人事務局長，大学事務局長などによって構成される．理事会にかけられる案件や学園各校の基本政策，重要事項は，すべて事前にここで審議，決定される．ここで練られた改革案が教授会で審議され，経営に関連するものは理事会で議決されることとなる．大学改革に関する事項は，大学事務局長が，各課が集めた情報に基づき，現場の実態を踏まえた斬新なアイディアや改革案を提起し，全体の合意を得て実践に移していく仕組みで，極めて機動的な運営となっている．定員割れの短大時代は大幅な赤字であったが，平成16年度から黒字に転化，平成17年度に約5億円，18年度も4億円前後の収入超過となる見通しだ．こうした取組みの評価を示すものとして，平成15年から18年の夏までに，延べ428の大学・短大，諸機関が見学に訪れている．

■ 患者の安心を重視した病院経営

　刈谷豊田総合病院は愛知県刈谷市にある医療法人でトヨタグループ7社から出資され設立した病院である．病床数607床，職員数1,155名，診療科目19科目の愛知県トップの救急車搬入数を誇る総合病院である．外来患者が1日平均で2,000人を超える経営的にも優良病院である．

　そこの理事兼事務部長である片岡嘉友氏にインタビュー調査を行い，県下トップの人気病院で，経営力も優れた病院の秘訣を探ることができた．次にそれらを整理する．

1) 患者の便益を考慮し，院外処方の流れに逆らい，少々コスト高になっても院内処方を守り続けている．
2) 患者に安心感を持っていただくために，建物の刷新や最新設備の導入を積極的に実施している．
3) MRIや高速CTなどの高額な最新機器を積極的に導入することで，検査力や医師の診断力が高まり，結果として手術の上手な能力の高い医師が集まり，平均在院日数も減少し，好循環となっている．
4) 一般的な病院では不採算で余り力を入れていない放射線科と麻酔医科に対し，逆に徹底して専門医を集めた強化策を採用し，医療の安全性を高めることに成功している．
5) 「医経分離」を掲げ，事務職員のトップ層が経営に専念し，医師は医療に専念するという役割分担が明確になっている．
6) 病院の医師を含めた全職員に対し，企業と同様にA～Fの階層別に分けて人事考課を行っており，弾力的な賃金システムを採用している．そのため医師でも能力不足と判断されると，大幅な収入減となるメリハリのある人事制度となっている．
7) 病院では珍しく，駐車場を大型スーパー並に750台も確保している．患者のアクセスを良くするために，近隣の土地を次々と買収して，拡大していったのである．

　この病院の優れた点を指摘したが，その行動の根底には患者第一主義（顧客

重視戦略）が貫かれている．つまり，患者の便利さを重視するための，院内処方であり，患者に安心感を持ってもらうための検査重視であり，医療の安全性確保である．

■ 効率化・情報化を徹底した経営戦略

亀田総合病院は350年の歴史を持ち，千葉県南部の基幹病院として，優れた人材，高精度機器を導入・駆使し，急性期医療を担っており，集中治療部門（ICU，CCU，ECU，NCU，NICU）を整備し急性期高度医療の提供に力を注いでいる病院である．

また，31の診療科目を有し，特に心臓外科の分野で，高水準の診療技術を有することでも知られる．診療部門も含めた医療サービス全般にわたるISO9001の認証や病院機能評価機構（一般病院種別B）の認定も受け，医療の質の向上に全力で取り組んでいる．

1995年より世界に先駆けて電子カルテシステムの本格運用を開始した実績を持ち中でも医療における徹底した情報活用を推進する国内でも希有の存在として知られている．当病院を視察し，調査した中で，他病院と違って優れたところを整理すると以下のとおりである．

1) 院内の物品や情報の流れが非常に効率よく自動化されており，診療情報に関してはオーダリング，電子カルテを実施している．画像データの取り込み，カルテ情報など，受信速度も良好であった．
2) 平成3年4月から稼働しているメディカルセンターは内装が非常にきれいで清潔感がありホテルの内装のようでもあった．検査部は平成6年8月から稼働しているサービス棟の2階にあり，窓からは太平洋を望むことができ眺望が優れていた．
3) 亀田総合病院は亀田クリニック，サービス棟，A棟，B棟，外来棟，救命救急センター棟からなっており，A棟を除く全ての棟間で気送管が結ばれていた．
4) KTSという，亀田グループの子会社がいっさいを引き受け，24時間体制で集中管理を行っていた．トラブル時は全館放送により，運用停止の

指示をしている．

　以上の亀田総合病院の経営実態から鑑みると，まさに企業並みの経営の俊敏さが伺える．新しいものを積極的に取り入れ，患者を顧客と見なした徹底した顧客重視の姿勢，事務作業のムダを省いた効率経営の徹底化など企業経営者も驚くほどの経営意識の高さといえるだろう．

■　徹底したホスピタリティ戦略

　医療法人足立病院は，京都市中京区にある産婦人科の専門病院である．この病院は，患者からの口コミで人気が沸騰している病院である．産婦人科は女性のみを診る病院であるため，女性の感性が強く求められる．医師，看護師，助産婦などの態度や言葉遣いの優しさ，親切さが求められるだけでなく，病院施設，機器などにも清潔感が求められる．そのため，従業者全員の患者に対するホスピタリティ精神の教育が徹底できていないと成功しない．その点で，足立病院は，患者からの評価が高く，口コミで患者が増えているという．

　下図は足立病院が，患者に対して発表したものを「足立病院宣言」として発信したものである．その内容を見ても，患者を大切にしている経営姿勢が伺える．

2009 足立病院宣言。

分娩費用を値下げします。

昨今の経済状況を考慮し、足立病院の分娩費用を1月より値下げしました。
経済的に余裕のある方ばかりでなく、足立病院の分娩に対する姿勢に共感いただき、ぜひ当院でお産をしてみたいとお考えの方を皆でお迎えしたいと思います。
ただ、現在でも分娩予約が取りづらい状況ですので、ご希望の皆様全員の受入れは難しいことが予想されます。そこで、今後はなるべく御紹介の患者さんの分娩予約を優先的にお受けするように心がけてまいります。
ご家族やお友達、同僚の方などからご紹介の患者さんはその旨、受付でお申し出下さい。

乳がん検診を開始します。

4月から、新たに外科医師と放射線科技師を迎えて乳がん検診センターを設立します。
現在日本では、20人に1人が乳がんに罹る時代です。しかし、日本の乳がん検診率は非常に低く、欧米諸国の十分の一程度にすぎず、とりわけ京都市は全国的にも低い検診率です（7％程度）。
足立病院では、より多くの方に乳がん検診を受診していただけるよう、診察方法、診察時間帯も工夫してまいります。もちろん、診断に用いる機器は最新鋭のものを導入します。マンモグラフィーや超音波検診装置はデジタル方式を採用し、京都で初めてCAD（コンピューター画像診断補助システム）を搭載したものです。
足立病院での女性検診（子宮がん、卵巣がん、乳がんなど）にご期待下さい。

より安全で安心な分娩環境をめざします。

産科医師、小児科医師不足による分娩時の痛ましい事故が全国で起こっております。
足立病院では自然分娩や家族立会い分娩を積極的に取り入れ、お母さんと赤ちゃんに優しい病院でありたいと考えてまいりました。また、産科医師8名、小児科医師5名、助産師40名という全国的にも稀な充実したスタッフ陣で、より安全な分娩にも努めております。
さらにこの4月から新たに産科麻酔の専門医師をスタッフに迎えることになりました。これにより、正常な分娩のみならず合併症のある妊婦さんや婦人科疾患の手術等もお受けすることができるようになります。
足立病院は、より一層安全かつ安心な産婦人科病院として進化し続けます。

女性医療センターを開設します。

今年の夏から来年の春にかけて、東洞院通の駐車場跡地に女性医療センター（仮称）の建設を予定しております。センター内には、内科、外科、歯科、皮膚科、泌尿器科、心療内科など、産婦人科病院を訪れる患者さんのニーズにあった診療科を開設する予定です。
今後は、足立病院が得意としてきた不妊治療、妊娠、出産、子育てのみならず、他診療科の先生方と連携することで、思春期から更年期、老年期にも対応できる女性のための病院をめざしていきたいと考えております。また、心のケアーやアンチエイジングにも積極的に取り組んでまいります。
このセンターが完成したあかつきには、足立病院は一産婦人科病院ではなく、女性の心とからだを一生にわたって診ることのできる女性医療専門病院になることができると自負しております。

2009年の足立病院にどうぞご期待下さい。

2009.1.1 足立病院スタッフ一同

第7章の演習問題

1. 学校法人の経営戦略が奏功した事例と医療法人の経営がうまくいっている事例を読んで,あなたは非営利組織の経営をどのように感じましたか.
2. 学校法人の経営には何が必要だと思いますか.
3. 病院経営において大切なことは何だと思いますか.

第8章 行政の経営課題

―――〈本章を学ぶポイント〉―――

1. 組織の存続には経営が不可欠であるのだが，行政には経営が存在しなかった．行政は多くの組織で赤字になっているにもかかわらず，**公債**という長期の債務（借金）を起債できることで存続している．
2. 民間企業の人事制度は時代とともに進化していくのであるが，その中で40年以上も変化しないまま頑迷に年功序列型人事を踏襲しているのは，自治体組織だけである．
3. 目標数値がないからといって，目標が漠然としたままのものであれば，結果も漠然としたものになる．だからこそ，目標は明確でなければならないし，具体的でなければならない．

　組織が存続していくには経営が不可欠であると，著者は認識している．なぜなら，組織が継続していくためには，どうしても収入が支出を上回り余剰金が蓄積できたり，少なくとも収支が均衡したりしなければ，常に外部から資金を援助してもらわなければならない．

　そうした認識のもとで現在のNPOや自治体を見ていると，彼らに経営という考えは，極めて希薄であるように感じる．彼らの半数近い組織で，赤字を繰り返し，寄生虫化している状況が見受けられるからだ．

　このようなことにならないように，本章では，行政経営の基本的課題について解説したうえで，自治体組織の経営課題について事例を紹介しながら検討していく．

■ 世界に遅れる日本の行政経営

　日本航空が経営破綻した．過去最大の負債総額で 2 兆円を超えるらしい．なぜ，日本を代表する歴史ある航空会社が経営破綻するのか，疑問を感じる人も多いと思う．労働組合が強く，年金を含めた人件費を柔軟に削減できなかったことが理由に挙げられる．また，歴代の経営トップの放漫経営も理由に挙げられる．しかし，根本的な原因は，官との関係が深い企業だったからであろう．官に依頼されて地方空港の不採算路線に飛行機を飛ばしたり，日本航空が参入するという条件で地方空港を開設し，地域ぐるみで日本航空の関連企業と事業展開したりしてきた．

　つまり，官に頼り，頼られるという関係の下で，**採算を守るという経営の大原則**が忘れられてしまったのである．こうしたケースは日本航空に始まったことではない．昔の国鉄，日本債権銀行，住宅金融専門会社といった官との関わりが深い組織は，すべて莫大な負債を抱えて整理された．また，自治体との関わりの深い産業といわれる規制産業は，大半が国際競争に遅れた産業であったり，赤字体質の産業であったりする．農林水産業や水道事業，土木建設業，通信事業などである．

　自治体には経営の概念が乏しい．その自治体が主導的な立場となり，自治体に関わりを持つ民間企業は，お上が守ってくれるという錯覚に陥り，依存体質が生まれ，経営がおろそかになる，という構造に陥る．そもそもなぜ自治体に経営の概念が乏しいのかを指摘しなければならない．

　その元凶になっているのは，以下の 4 点と考える．

(1) 国民の下僕という奉仕の精神ではなく，国民を支配するという特権階級意識が難関試験を突破したエリートには存在する．自動的に徴収される莫大な税金（現在約 40 兆円）を自分たちの裁量で配分を決め，ある程度自由に使えるため，細かい採算など経営のことは考えなくともよいという意識になりやすい．

(2) 自治体会計が 100 年以上前の明治時代に誕生した制度のままで，その時の大陸（ドイツ）思想である，皇帝の代理を行うという考えのために，経営のことは度外視されている．収支計算書だけのフロー会計で，資産表示する貸借対照表が義務化されていない（ストック会計がない）ために，経

営分析や財務診断ができない．したがって，正しい経営判断ができない組織体となっている．

(3) 人事賃金制度も100年以上前から年功序列型制度であり，人事考課制度も存在しない．こんな遅れた制度は民間企業ではありえない．この組織の人たちは退廃的となり，自己防衛的となる．なぜなら，一所懸命仕事をしても，手抜きばかりの仕事であっても評価はなく，年功で勝手に給与が上がる仕組みだからである．そのため，昔の公務員は「遅れず，休まず，仕事せず」を守っていればだんだん偉くなれたといわれていたのである．これでは，経営の基本である効率性や迅速性など養われるはずがない．

(4) 国や地方に難しい採用試験を経て入った者は，同期の民間企業に入った者よりも国家に貢献してきた分，民間企業で高い報酬を受け取っている者と同等以上の報酬を受け取る権利があると考える．そこで特殊法人を温存し，そこへ天下りして高い報酬を取り戻そうとする．その結果，特殊法人や第3セクターと呼ばれるところは，財政投融資という形で税金がつぎ込まれ，それが天下りの人間に渡るため，税金の通過機関となり，大幅な人件費赤字となっている．

　こうしたことから，経済は一流だが政治は三流だ，とか日本の企業の技術は高いが，国全体としての競争力は低い，とか言われる．つまり，官の意識，官の存在が日本の足を引っ張る原因となっているのだ．思い切った自治体改革，大胆な民営化が喫緊の課題である．

■ 行政経営の財務課題

　企業の場合，赤字が続けば経営が悪化し，いろいろな資産を売却し一時しのぎをするが，それでも収益が回復しなければ倒産する．これが経営の自然な成り行きである．しかし，行政は多くの組織で赤字になっているにもかかわらず，**公債**という長期の債務（借金）を起債できることで，存続することができる．しかもその額は貸借対照表が公表されていないため，一般市民にはわからない．また，未利用地などの不動産や庁舎，老人ホーム，体育館，美術館，公民館などの多くの施設が町の一等地に存在するが，それらの有効活用もされていないところが多い．

　収支がマイナスであれば，借金するよりもまずは自分の財産を売却して資金の補填をするのが一般市民の感覚であるが，行政は安易に公債を発行する．その理由の一つには，長年，収支のみのフロー会計の公会計が存在していたからで，資産状況を明らかにするストック会計が欠落していたから，資産状況を常に把握できることがなかったからではないか．

　しかも，現金主義を採用していることで現金収入・支出の情報しか得ることができず，現金支出で表すことのできない減価償却費や退職金の支払など，将来発生するコストを引当金として計上することができていない．また，単式簿記により，資金（現金・預金）以外に残高の概念がない．固定資産の残高や公債（借入金）の残高などが帳簿に記録されていないことから，正確な現在のストック情報が把握できないのである．

　つまり，経営の基本であるお金の流れと財産状況（資産と負債のバランス）の二つの観点から組織を診て判断することが必要なのに，それが片方だけしかなかったために，経営判断が不能となっているのだ．今後，貸借対照表が法制化されるまで，自主的に作成し，行政経営の欠点を補う姿勢が求められる．

■ 行政経営の人事課題

　今まで，「行政改革」という名で繰り返し行われてきた改革が，実はあまり進んでいない．その理由は，改革という抜本的な変革ではなくて，予算削減，人員抑制，といった縮小を図る動きが中心だからである．

　また，民間企業の改革に学び，企業経営のノウハウを導入しようということ

で，New Public Management（略してNPM）理論を体系化し，取り入れようとしてきたが，これらの動きも一部の先進自治体のみが採用しているに過ぎない．

なぜ，企業では改革が進み，自治体では改革が進まないのか．企業以上に優秀な人材が多く存在すると考えられる自治体なのに，……．その理由の一つに人事制度の遅れという要因が大きいのではないかと考える．

企業では1970年代から，人事制度が年功序列型から職能資格制度へ転換し，現在では中小企業を含めほぼ90％近くの企業が職能資格制度を採用している．2000年に入って，職能資格制度から年俸制度が管理職以上の職位で採用され，さらに能力主義，成果主義へと進展しており，最近ではアメリカ式の最も合理的な賃金システムといわれる職務給制度の検討が一部の先進企業で進められている．

このように，民間企業の人事制度は時代とともに進化していくのであるが，その中で40年以上も変化しないまま頑迷に年功序列型人事を踏襲しているのは，自治体組織だけである．

年功序列型人事制度とは，年齢と勤続年数が毎年1年（歳）分増えるごとに給与が昇給するというものである．これは日本の儒教思想による「長幼の序」に合致した制度で，良い面もある．しかし，この制度は高度成長している時代には適合していたのだが，現在のような低成長あるいはマイナス成長という時代では，自動的に給与が上がる仕組みの年功序列型は不適合なのである．

加えて，年功序列型人事は運用が簡単すぎたため，人事考課制度を必要とし

なかった．人事考課制度がないままに何十年も経過してしまうと，組織のモラールが低下し，その結果，一所懸命に仕事をする人がいなくなる．それは，一所懸命仕事をしても，そうでなくても，給与や昇給面で同じ扱いの制度だからである．

　こうした歴史的背景から，行政改革がなかなか進まないのである．改革の趣旨は賛同できるが，いざ実際改革をするとなると，自らに厳しい目標が課せられ，現在よりも厳しい処遇が待っている可能性がある．果たして，17時の終業時間前には誰も仕事をしなくなり，職場では仕事をしないことが当り前という雰囲気の役所では，行政改革は画餅となるのである．

■　行政経営の業務課題

　現在，行政が経営改革を行っていて，中途半端になりかねないと懸念される点の一つに，業務目標設定の難しさがある．特に数値データを入れた目標設定が難しい業務が大半であるため，どこまでできたら目標が達成されたことになるのか，という判断がつきにくいということである．

　例えば，予算をより多く獲得するという予算獲得競争なら，わかりやすい話だが，その予算をどのように使うのがベストなのか，予算投入されたプロジェクトや施設がどのような成果を挙げれば目標達成に繋がるのかを明確に表現しにくいというのだ．

　民間企業でもそれと同じ悩みはある．営業部門や製造部門は数値データが成果として明確に現れるため，目標設定にも数値が入るが，総務，経理，人事，企画，技術，物流配送などの部門は，目標設定がしにくい．したがって業績評

価もしにくくなる．営利組織でない行政は，目標数値のない部署ばかりだと思われることから，評価もほとんどできないのである．「行政評価」という言葉もなかなか実行率が上がらず空回りしているのは，このためである．

■ 業務目標の明確化と数値化の重要性

　目標数値がないからといって，目標が漠然としたままのものであれば，結果も漠然としたものになる．つまり，適当な仕事，いい加減な仕事になるのだ．
　例えば，「顧客満足向上」という目標を掲げ，その言葉を壁に貼っているサービス業が多いが，従業員は平気でお客を長時間待たしたり，係りが少し違うからといって担当者を何度も変えて対応したりするケースが見られる．お客さん側からすれば，全く「顧客満足向上」になっていないじゃないか，と文句を言いたくなる．こうした会社は，顧客満足向上という漠然とした目標を明確に従業員に説明していないから，従業員は業務の中で具体的に行動として表すことができないのである．

顧客満足向上とは，日々の業務のなかでは，
1. お客様を決して待たせてはいけないこと
2. お客様と対応する際，担当者を2度変えてはいけないこと
3. お客様の納得する表情，お客様の安心している表情をさせる対応をすること
4. …………
5. …………　　　　　など

　業務活動のなかで，顧客満足向上に直結する行動とは何か，ということを議論し，全員で理解し，具体化していなければならない．そうしなければ，目標が達成できないはずだ．そんなことまでやるのか？子供じゃないんだからいちいち目標を具体化してやらなければならないのか？という反論が聞こえてきそうだが，人間は目の前の仕事に埋没してしまい，考えながら行動することは，簡単なことではないのだ．だからこそ，目標は明確でなければならないし，具体的でなければならない．

明確化という点からすれば，数値化するというのも一つの手である．例えば公園を1億円かけて作るとしよう．公園を作るのは良いが，その公園は何人が利用するだろうか，その利用者は半径1 kmの住民のうちの何％に当たるのだろうか．その予定利用者，利用比率に対して，1億円の費用をかけるのは果たして妥当性，効率性は他の施設やプロジェクトと比べてどうかなど，行政の仕事を数値化しておけば，目標も数値化がしやすくなるだろう．

■ 組織の重複

「組織は戦略に従う」とは，アメリカの経営戦略研究家チャンドラーの言葉である．彼によると，組織は戦略に従属するものであり，戦略によって組織は変わるのであるという．

考えてみれば当然のことで，組織はその組織が目指す目的達成のために編成されたものであるため，戦略すなわち中長期の目標に基づいて組織は組み込まれなければならないはずである．そのため企業では，毎年の方針や戦略に基づいて組織改変が行われている．しかし，行政では人事異動はあるが，戦略や方針に基づいて，組織が改変されることはそれほどない．それどころか何十年変化のない組織もあれば，組織の重複や無駄が多い．

例えば，有名な問題として取り上げられる保育所と幼稚園の管轄官庁はそれぞれ厚生労働省と文部科学省とで異なっており，幼児教育の問題をどの官庁が主体となってマネジメントするのか，いまだに悩ましい問題である．さらに，国の機関と，県の機関と市町村の機関が大きな都市では重複して存在し，その地域の業務をそれぞれ3者が分担するような格好となっている．民間企業で1人がやっている仕事を行政では3人で分担しているようなものである．

表 8.1　組織の重複例

	教 育	医 療	文化施設	公 園
国	国立大学	国立大学病院	国立博物館	国立公園
県	県立大学	県立総合病院	県立美術館	県立公園
市町村	市立大学	市民病院	市立博物館	市民グランド

　こうした，国，県，市町村の施設や組織の重複は，**縦割り組織の弊害**といわれる．つまり，それぞれの機関が話し合うことなく，それぞれに与えられた税金（予算）に対して緊急の使い道がないため，とりあえず上表のような施設や建造物（**箱物行政**と揶揄される）を作るから，こうした無駄が日本国中にはびこるのだ．

■　特殊法人が無駄の根源

　特殊法人の数は 77 もあり，これを維持するだけで，毎年 40 兆円も使われる．さらに，その関連企業は約 3,000，加えて 26,000 の公益法人が存在する．251 兆円もの血税がこれらに流れる．それは，納税者 4,000 万人で割ると一人 25 万円支払っていることになる．その特殊法人について赤字額を見てみると，表 8.2 のとおりである．

■　郵政民営化と特殊法人の関係

　郵政民営化における郵政三事業とは，①郵便事業，②郵便貯金，③簡易保険のことである．なぜ郵政三事業を国営から民営化しなければならないのかということであるが，マスコミではあまり説明されていないため，国民は民営化す

表 8.2　特殊法人の赤字垂れ流し度ランキング（2001 年）

1	年金福祉事業団	▲4,396 億円
2	住宅金融公庫	▲3,495 億円
3	石油公団	▲2,621 億円
4	住宅・都市整備公団	▲2,543 億円
5	日本私立学校振興・共済事業団	▲2,298 億円
6	核燃料サイクル開発機構	▲2,003 億円
7	新エネルギー・産業技術総合開発機構	▲1,816 億円
8	中小企業信用保険公庫	▲1,755 億円
9	国際協力事業団	▲1,741 億円
10	運輸施設整備事業団	▲1,322 億円

出所：http://www.mipsworld.com/kinkyu/kinkyu_004.htm から加工

れば郵便料金が高くなるのではないかと，誤解している人も多いようだが，問題はそんな小さな話ではない．

郵便貯金という世界最大級の預金量，約 180 兆円（2008 年 1 月）をいったん国庫に入れ，さらに，簡易保険の保険契約金の約 110 兆円（2008 年 1 月）も国庫に入る．つまり，財務省理財局が，財政投融資という形で運用している資金源が約 300 兆円あるということだ．その一部をさまざまな特殊法人や公益法人に何兆円ものお金を流用していることが問題なのである．

しかも郵政省や特殊法人は，民営化していない間は株式会社でないために，これらのお金を一般の予算と違って国会で審議されたりしない．どのように資金を流用しているのか，それらの金をどのように無駄遣いしているのかは，公表しなくてもよい，という仕組みなのである．つまり，役人が勝手に使えるのだ．その額，1 年間で約 50 兆円あるということだ．

国民が絶対安全だからと郵便局に預けた貯金が，よく分からないところで無駄に使われているという事実があるために，**郵政三事業を民営化して，株式会社化にすれば，決算が公表され透明化されるということになり，無駄な使い方が制限される**ということなのだ．

日本道路公団を例にして，その無駄遣いぶりを見てみると，97 年度の道路公団の予算は 5 兆 3,000 億円で，そのうち高速道路料金などの収入は 2 兆

2,000億円である．残りの2兆9,000億円は借金となり，その借金のうち2兆2,000億円が財政投融資資金である．さらに道路公団の累積債務（借金の総額）は約23兆円．そのうち20兆円強が財政投融資からきていると言われる．普通の企業ならとっくに倒産している．だが道路公団は「借入金の償還（返済）は順調に進んでいる」などと主張している．確かに97年度，道路公団は2兆1,000億円の借金を返済した．だが，その一方で2兆2,000億円を財政投融資から借りている．借金を返すために借金をしているのである．

道路公団は将来においても借金を返すことは無理だといわれる．ということは，この財政投融資は不良債権となる．その穴埋めは税金で行われる．財務省は明らかに返す能力も，返す意思もない道路公団に何兆円もの金を貸していることになる．そのいい加減な資金運用と道路公団のあきれた経営のツケを国民が払うのだ．

これはほんの一例に過ぎない．現在は財務省ではなく，総務省が財投資金を運用している．そして郵政民営化を見直して，総務大臣が総務省で運用しようと考えている．しかし，総務省の役人に資金の運用ができるとは到底考えられない．資金運用のプロと言われる財務省ですら，不良債権を繰り返してきたのである．役人がお金を運用しては絶対と言っていいくらい失敗する．それを少しでも防ぐには，徹底した情報開示で無駄な運用を牽制するしかない．

■ 倫理感欠如の某市役所

財政再建団体に申請し，破綻した夕張市は，破綻前年になんと前年同期を上回る平均75万5,000円の夏季期末勤勉手当（ボーナス）を職員に支給することを決めていた．市が倒産する前に取れるものは取っておこうという卑しい根性が出たといわれても仕方のない話である．もちろん市長はじめ市議会議員，役人，組合も同様に受け取るのである．職業倫理に乏しい経営トップ層である．普通の感覚があればボーナスは返上するであろう．

こういう経営倫理の欠如した人たちが少なからず地方自治をやっている可能性があるのだ．市民の民主主義への意識，政治への関心が低いからそういう行政を許すということでもある．

厳しい言い方をすれば制限行為能力者（破産した人）に法律行為が制限され

るのと同様に，財政再建団体に申請した自治体に自治を認めてはいけない．地方自治が不可能であるのだから中央から監督者を派遣すべきである．経営倫理観の乏しい人間は全部公職から追放し，税金泥棒からは私財を収奪し，市の借金の穴埋めに使うべきである．今後自治体の首長，職員には自治体が破綻する場合に備えて，無限責任（借金の返済責任を無期限に負う）のを負ってもらう法律を整備すべきである．このような荒療治を行わなければ，地方自治は良くならない．

■ 役所の形式主義が税金泥棒を生む

　仕事が遅い，効率が悪い，サービスが悪いのがお役所仕事といわれている．これらは心がけの悪い役所勤めの人たちが給与泥棒（以下，タックス・イーター）であるということだ．

　ところが，これとはまったく別のタックス・イーターがいる．住民の立場にたって，やさしく書類の書き方を教えてくれたり，書く内容にまで立入って指導してくれたりする役所の人間のことである．例えば，子供会活動とか地域の何らかの活動の幹事になって，役所に補助金か何かの申請に行ったとしよう．窓口の親切な職員の言うとおりに書くと補助金が簡単にもらえたりする．「こんな活動をなさったら，この他にもこんな補助がでますよ」といわれて，できもしない活動計画を書いたとしても，「後でこのような報告書を出していただければ大丈夫ですよ」と励まされて，形だけの活動報告を出したら，結構な補助金がもらえた経験を持っている人がいるのではないだろうか．

　生活保護を受ける時には，預貯金とか自宅で使っている道具類なども詳細に記載して，生活の困窮状態を説明しなければならない．親切なお役所の職員は貯金は何万円以下，冷蔵庫は持っていても書類に書かないほうが良いですよと教えてくれるという．

　小さな役所の対応であるが，これらは悪い役所の形式主義，書類主義である．書類の形さえ整えれば嘘でも実態がなくても許可されるのである．形が整ってさえいれば実態がどうであれ，書類審査した者は責任を問われることはない．上の例でも，冷蔵庫がある家庭には生活保護は出せないと決められているから，冷蔵庫は書かないようにと指導してくれる．この手口は役所の内外を問わず，

形式主義のあるところ，ある程度使われている．

　補助金を得た住民は喜んでくれる，役所の予算は消化できる，職員は書類を審査したり，窓口指導したりと忙しく働いて，上司からも「彼はよくできる」と評価され，みんなハッピーになる．そのかわり税金はたくさん必要となる．それで翌年はもっと大きな予算を獲得しなければならない．そのために中央官庁に陳情に行き，中央官僚に顔の利く国会議員にお願いしなければならない．先生との口利きで中央の役人と一席設けて，自分の市がいかに住民サービスのための予算が必要かを聞いてもらう．もちろん，手ぶらと言うわけにいかないから，飲み食い代金，交通費，先生へのお礼などは役所の必要経費の端に「書類上問題がないように」うまく書くというのだ．

■　機会の平等という仕組みの崩壊

　第2次世界大戦の敗戦後から立ち上がり，日本が世界第2位の経済大国に成長したのは，官僚がしっかりしていたからでも政治家が優れていたからでもない．経済人，つまりは市民，労働者が優れていたからだ．この優れた経済人と市民・労働者を育てた装置が，誰でも社長になれる，誰でも学者になれる，誰でも官僚・政治家になれるという「機会の平等」という社会システムである．

　平等には「機会の平等」と「結果の平等」がある．今マスコミで盛んに言われているのは，所得格差，地域格差の是正をはじめとする「結果の平等」である．「結果の平等」を主張しすぎると，怠けものが税金で救われる，いわゆるタックス・イーターを生む．例えば，外車を乗り回しているのに生活保護費をもらっている人たちや，働く気がないのに仕事先を変えて何回も失業給付費をもらっている悪人が増えるのである．

　しかし，いま起きている所得格差などの「結果の不平等」は，怠け者が原因ではなさそうである．タックス・イーターたちの問題でもなさそうだ．いまの所得格差は，経済学でいう「所与の」所得分配の格差から生じる「所得獲得機会の不平等」によってもたらされていると言える．具体的には，親に資産や所得がないために子供が勉学の機会を得られない，成績が良くても進学できない．その結果，まともに就職できない，職を得ても短期の単純労働でスキルが身に付かず正式社員になれない，という不平等である．

親に資産や所得があるか，ないかは子供にすればどうしようもない「所与の」問題である．その所与の所得分配格差で生涯所得が決まるとすれば，こんな理不尽なことはない．

　よく言われることだが，東大，京大，早慶などエリート大学の学生の親の平均年収は，それ以外の大学の親の平均年収より結構高いという．親に資産や財力がなければ，入試学力を身につけることができず，エリート大学には入れない時代になった．

　一昔前は，親が貧乏でも子供が優秀であれば親類縁者が学資を出し合うような助け合いがあって，教育機会が子供たちの間で平等に与えられていた．貧乏人の息子，娘でも勉強ができれば最高学府に入学でき，官僚，政治家あるいは経営者，学者になれたのだ．親の財力とは別に親類縁者の支援や奨学金で学び立身出世できるという「機会の平等」という社会装置があったから，誰もが夢を持つことができ，努力を重ねることもできたのだ．その市民，労働者の努力と一所懸命さが日本に活力をもたらしたのである．

第8章の演習問題

1. 日本の行政を良くするために，財政上どのような改革が必要とされるだろうか．
2. 日本の行政を良くするために，人事制度上，どのような改革が必要だろうか．
3. 日本の行政を良くするために，組織改革上，どのようにすればよいだろうか．
4. 日本の地方自治を良くするために，何が必要だろうか．

第9章 行政の経営戦略具体例

―――〈本章を学ぶポイント〉―――

1. 構造改革は痛みが伴うものであるが，その痛みに過剰反応し，構造改革自体を骨抜きにしてしまうケースがよくある．本当に改革しなければ将来どうなるのか，という目的を貫く必要性を理解しなければならない．
2. 政府の規制は，日本の高度成長が止まった時点で役割を終え，現在では，民間の不備，不心得，犯罪，詐欺などを監督する公正取引委員会程度の組織に政府そのものが縮小すべきではないか．そうしなければ，規制に足を引っ張られて産業の競争力が低下することを認識する必要がある．
3. いろいろな施策を成功させた矢祭町の元町長根本氏は自らの政治信念を貫く基準に「すべて矢祭のため，町民のため」という心であった，と述懐している．

　第8章において，行政の経営課題を検討しており，問題の多い行政経営について述べてきた．本章では，行政についての改善提言，行政の改善例・先進事例を取り上げ，行政における経営戦略の成功例を学ぶ．

■ 構造改革の促進

過去に小泉内閣の進めていた構造改革によれば，一つは政府の出すお金を今までより少なくすること（財政支出の削減）と，税金を増やすことであった．これは，政府といえども支出を増やしていけば，借金を子孫に残す最悪の政治となるため，支出を減らすことは極めて重要なことであるということだ．なおかつ経営の原則から言って，収入を増やすために，税金を増やす手立てを考える，これも極めて健全と言わなければならない．

しかし，消費税の増税による政府収入の増加は，国民の生活費の圧迫につながるため，慎重に行わねばならない．それよりもむしろ，特殊法人を解体し，特殊法人へ流用される税金を大幅減額したり，無駄な公共事業への投資をなくしたり，ODAへの資金を減額したり，公務員制度の改革をしたりということで，多くの無駄をそぎ落とすほうが先決である，という考えが現状である．その手段として鳩山内閣の事業仕分けがあり，それが現在注目を浴びている．

また，支出面では特に支出が膨張している医療・福祉・教育の分野にメスを入れることは，一部反対意見もあるが，ある意味当然といえる．大きなコストを削減すれば，費用全体への削減効果が大きいからである．このことは経営の常識であり，中曽根内閣のころから行政改革として進められてきたことでもある．しかし，「弱者の切り捨て，強者（富裕者）の優遇」という批判が出てくるが，この話は弱者の定義をどこまでのレベルにするのかが難しく，早急に結論の出る話ではない．

また構造改革では，これまでの単純な財政支出の削減では限界だということで，以下のような施策を行っている．

第1に，国が責任を持つ部分を少なくして，その分を民間にゆだね，費用は国民に負担させる（**補完性の原理**という）．介護保険などがその例である．

第2に，自己抑制をさせ福祉や医療をむやみに受ける人を少なくするという手法をとること．独居老人の中には，医療費がかからないことを良いことに，病気でもないのに病院に通い，待合室で老人同士話し合うことを楽しみにする，という「病院サロン化現象」が至る所で見られ，これが医療費増加に拍車をかけている．そのため，それを防ぐ意図で健康保険3割負担などの医療改革を行った．

実際に，どれだけ政府の支出を減らしたのか「行政改革」時代も含めた1980年から1998年までの約20年間をとってみると次の表9.1のようになる．実額でいえば，約9兆円も政府の支出は減っている．

表9.1 社会保障財源の割合の推移

	国の負担割合	国民の負担割合
1980年	29.2%	26.5%
1998年	19.2%	29.5%

出所：厚生労働省2000年のデータより

第3は，企業の活動を制限している規制を取り除くという規制緩和である．国民の権利をしばっていたり，煩雑な行政手続を規定していたりするなどの規制は緩和すべきである．

小泉構造改革のすすめていた規制緩和は，そうした規制だけではなく大型店の出店自由，農産物の輸入自由化，働く人を守る労働条件の規制緩和などで，その大部分が企業活動の円滑化のための規制緩和となっていることで，一部の被害者から批判を浴びていたのであるが，決して否定されるものではない．

この日本の規制が，より大きな利潤を求めて海外に事業所を移転し，事業を展開する大企業にとっても障害となるため，これを取り除いてグローバルスタンダード（世界基準）に合わせるというのが大企業の要求である．小泉内閣はこの要求にそって多方面にわたって規制緩和をすすめていた．その結果，弱肉強食の世界となり，大型店出店が頻発して小売商店が激減し，高齢者の買い物などにも不便が広がっているという反発が起きている．さらに，非正規社員労働の促進や，保育所などの公的分野への企業の進出も，この規制緩和によって競争にさらされることになったのである．

しかし，もともと資本主義社会，自由主義国家の日本では競争が当り前なのであり，競争が促進されることは決して悪ではない．むしろ善である．競争によって技術が進歩し，競争によって文明が進展してきたのである．そのことを忘れて競争社会は勝者と敗者を生み，弱者や敗者に可哀想な社会である，ということで「格差をなくせ，格差社会を作るな」と声高にマスコミが吹聴しているのは，間違っている．格差を積極的に作るわけではなく，結果として格差が

できることは，極めて自然なことであり，そのことを否定すれば，日本は活力を失った社会主義国に陥ってしまう．

■ 政府規制の妥当性検証

政策研究大学院大学教授，福井秀夫氏によると，次の七つの政府規制に関する議題について，規制に疑問を投げかけている．著者は，日本の高度成長が終わった時点で，規制は役割を終え，現在では，民間の不備，不心得，犯罪，詐欺などを監督する公正取引委員会程度の組織に政府そのものが縮小すべきと考えている．以下の事例においては，政府規制を撤廃すべきと考えている．

1. 株式会社病院

現存する62カ所の株式会社病院においては，利潤追求による医療過誤や薬害といった問題が起きているわけではない．それにもかかわらず，この「株式会社性悪説」の議論は十分に決着していない．個人開業医は利潤を追求しないが，株式会社は利潤を追求するという議論があったが，これは矛盾した話である．したがって株式会社の病院を悪者扱いし，規制するべきではない．

2. 幼稚園，保育園の一元化

厚生労働省の担当者によると，保育園の敷地内に調理室の設置を義務づけるのは，調理室がないと，園児が大人になったときにきちんとした家庭を作れないからだそうだ．また，調理室がなくても給食センターを活用すればいいといった代替策に対し，説得できる理由は示されていない．全く不可解な理由で区分されている．

3. 株式会社による農業経営は借地によらなければならず，土地保有は禁止

個人農家は耕作放棄をしないが，株式会社は耕作放棄をするという議論が基になっているが，実際に耕作放棄をした当事者に実施されたアンケート結果では，高齢化，あるいは後継者不在を理由に挙げる零細農家の回答が第1位を占めている．つまり，個人農家であるがゆえに，高齢化や後継者不足の問題が起きているといえる．株式会社は自然人ではないから，このような問題が生じようがないのに悪者扱いである．株式会社による農業経営への規制は撤廃すべきである．

4. 理容師と美容師が混じると危険

　理容師と美容師が同じフロアで働けるようにしてほしいという規制改革要望があった際，厚生労働省の担当者からは，混じって働くと文化が破壊されて客に危険が及ぶという理由が示され，規制は存続している．これも馬鹿げた規制ではないだろうか？

5. 入管行政の恣意

　外国人の永住許可の基準は基本的に居住年数であるが，たとえば「学術研究に優れた者」という基準に適合すれば居住年数は短縮されることになっている．その「学術研究に優れた者」であるかどうかの審査は，審査付きの論文数などの実績ではなく，本人が単に自己申告した論文数が基になるそうだ．このように詐称が可能な基準では，国益を阻害することになりかねない．

6. 薬剤師がいないと副作用に苦しむか

　コンビニエンスストアには薬剤師がおらず，副作用の説明ができないから薬を販売してはいけないという議論がある．しかし，特例販売業として認められている「富山の薬売り」に薬剤師の資格は必要なく，3〜5年の実地の販売経験があれば誰でも置き薬ができるわけだ．

　しかし，コンビニエンスストアに対しては，同じような実地の経験年数による許可は認められていない．「富山の薬売り」は，利権および既得権ということになる．しかし，健康や安全という面において，薬剤師のいない「富山の薬売り」から買った薬には副作用が起きてもよいが，コンビニエンスストアで販売する薬に副作用が起きてはいけないということにはならない．政策は目的に照らして，対等，平等にしなければいけないはずである．

7. 車検延長をすると交通事故者が増えるか

　車検延長については，2005年3月の規制会議において答申とする旨を国土交通省と合意していたにもかかわらず，業界と政党の反対によって答申から脱落するという珍しいケースとなった．

　理由は，部品の耐久性が向上していないからだということだが，その根拠は，部品メーカー9社からの聞き取り調査である．部品メーカーにとっては，整備が頻繁に行われるほうが市場を拡大でき，利益につながる．劣化試験や磨耗試験は一切行われていないため，これでは判断の基準にはならない．また，部品

劣化のうち走行劣化の割合はおよそ7割，経年劣化はおよそ3割という国土交通省による調査結果がある．なかでも最も多いタイヤの磨耗は，年数ではなく走行距離によるから，むしろ走行距離と年数の併用制のような車検でなければ辻褄が合わないはずだが，その点についても十分な議論が行われていない．実証や理論のきちんとした調査がなされないまま政治的に決着しているのは，官民癒着の可能性の高い規制と思われる．

■ 東京都足立区の構造改革戦略

足立区は構造改革戦略の内容を「区政の構造改革」「財政の構造改革」「社会の構造改革」の三つに分けている．

1. 区政の構造改革の内容

第1に，トップダウンの徹底である．そのために，区長と職員との対話，職員研修の重視などによって，すべての職員に構造改革にそった意識改革を徹底し先進事例の創造と発掘，行政経営品質賞の設置と結びついた足立区独自の降格制度や表彰制度の検討など，職員同士を競争させるアメとムチによる職員管理，政策，事業の構造改革的評価制度の確立といったように，徹頭徹尾，区の組織と職員を「構造改革」に総動員する内容となっている．

第2に，予算削減のために公営から民営への移行，各種補助金の「構造改革」型への整理・削減，扶助費の抑制である．今後，区が直営する事業については「常に廃止あるいは民間委託等の可能性を追求する」としている．保育所については，都の認可外保育所である「認証保育所」がすでに導入されているが，公立保育所の「民営化」を加速させるとしている．また区民の利便のため抱えている不採算部門をどうするかなどの立場から，公社らが運営する各種施設も「民営化」を検討していく，としている．

各種補助金については「期限の導入」（サンセット方式）とともに「構造改革」の促進に沿うものに整理していく．さらに生活保護，失業保険受給者には，稼働能力の活用など「自立促進」を強力に指導し，扶助費を抑制していくとしている．

第3に，公共事業については，「指定事業」「非指定事業」など細かく分類し，

そのほとんどを実施事業としている．投資的経費や維持修繕費など巨額な費用負担を要することや，それへの批判も考慮して，現存する施設の廃止・縮小を検討し，建設についてはPFI[注1]やアウトソーシング[注2]などの手法を使うとしていることが特徴である．足立区は「すべてを『官』が独占していいのか」「『民』ができることは『民』にまかせる」べきだと主張する．

第4に，NPO（民間非営利組織），ボランティアの活用である．足立区は「構造改革」をすすめる重要な視点の一つとして「区民との協働」をあげ，企業，団体，NPOなどあらゆる力を結集して協働による構造改革をすすめるとしている．

2. 財政の構造改革の内容

最大の特徴は，福祉の削減が貫かれていることである．足立区は景気の低迷によって税収が減少する一方，福祉需要が急増するという構造的な問題点があるとして，「福祉の急増」を財政構造の問題点にあげ，この財政構造を区政の構造改革に合わせて身の丈にあった財政構造にする，としている．

そのうえで，これまでの福祉・教育の削減，公共料金の値上げ，施設・事業の民間委託などの行革を，他の自治体に誇るべき一つの組織文化になっているとし，今後もサービスにかかる経費の削減・減量経営を厳しく維持していくとしている．具体的には，前述した補助金等の再構築，削減，自立促進による扶助費の抑制である．

3. 社会の構造改革の内容

今後は，自分の力でみずから活動し，また他に働きかける能動的市民社会が重要になるから，自治体としての役割は市場の育成や能動的動きに対等の立場で支援し，市場の持つ能動的機能がマイナスに働くような場面では補正を行う．また，今後の区民生活の方向は，基本構想を協働して作るなかで，区民自身に展望を持ってもらうとしている．

自治体には「住民のくらし・福祉をまもる」という自治法上定められた責務

注1：PFIとはPrivate Finance Initiativeの略称で，官が従来のように直接施設を整備せずに，民間資金を利用して民間に施設整備と公共サービスの提供を委ねる手法である．
注2：アウトソーシングとは，外注，外部委託とも言い，企業や行政の業務のうち，専門的なものについて，それをより得意とする外部の組織に委託すること．

がある．今後の区民生活がどういう方向になるのかは，区民自身にまかせる．足立区は市場の育成や，力のある人を応援していく．しかし，この仕組みがうまくいかない時は，この仕組みの根本は変えず，多少の手直しをすることがこれからの足立区の仕事ということである．

■ 矢祭町の元町長，根本氏の改革

　茨城県との県境にある福島県東白川郡矢祭町は，人口 7,000 人弱の小さな町だが，国家をあげての市町村合併の荒波が押し寄せる中，平成 13 年に「合併しない町宣言」を行った．

　「薄い水と薄い水を足しても濃い水になりません．現状で合併しても町民には何のメリットもない．ただ行政が大きくなり，役場が遠くなるだけだ」といって反対した．それに対し総務省は合併して行政のスケールを大きくすれば経費の節約ができ，余財が生まれ，それを少子高齢化の対策に回すことができると．もし合併すれば 10 年間は交付金を約束するという．それに対し，根本氏は「我々はもっと違う方法で経費を削減し，少子高齢化対策にあたります」といった．

　そこで，次のような改革を行った．これまで役場では 1 人でできることを 3 人半くらいでやっていた．例えば県庁にヒアリング行くにも 3 人で車に乗って 1 日がかりで行っていた．それを 1 人にした．あるいは電話や FAX にした．そんな発想から，140 人いた職員も 70 人に半減させ，人件費も 10 億円を 6 億円まで減らすことができた．嘱託社員も全廃して，トイレ掃除もお茶くみもみんな職員がやっているという．だけど，誰も困っていない．ただ楽ができなくなっただけだ，という．

　ある時，町民が本当に望んでいることは何だろうかと考えて，アンケートを取ったところ，「図書館を作ってほしい」という声だった．しかし，図書館は施設を作るのに 10 億円，本を購入するのに 2～3 億円かかるという試算を前に思案していたところ，「町長，全国から本を公募するのはどうでしょう」と職員から提案があった．「もったいない運動」にあやかってみてはどうかという提案だった．「それは全国の人に申し訳ないね．送料は立て替えてもらうのか，着払いで払うのか」と聞くと，「負担してもらいましょう」と，その職員は恐ろしいことを言う．その結果，なんと全国から 43 万冊が届いた．全国の皆さ

んの寄贈によってできた図書館は，子供たちに物を大切にする心を育みたいとの思いを込めて「矢祭もったいない図書館」と名付けた．

　以上，いろいろな施策を成功させた根本氏は自らの政治信念を貫く基準に「すべて矢祭のため，町民のため」という心であった，と述懐している．

■　横浜市の元市長，中田宏氏の改革

　中田氏は，国家と地方自治体との違いはあるものの，350万の横浜市の人口とほぼ同じニュージーランド（以下NZ）の規制緩和・民営化・行政改革を，横浜市政に適用しようとしていた．彼の著書『ニュージーランド行革物語』（PHP研究所）・『行革のレシピ・日本の料理法NZ風』（読売新聞社）にもあるように，1996年にNZ視察に山田宏氏（現杉並区長）たちと出かけてから，その後数回，NZを訪問し，NZの手法をつぶさに研究している．

　NZは，1984年，労働党政権が成立すると，若手の政治家・官僚のリーダーシップにより，行政に企業会計システムを入れ，国営企業を民営化し，行政が行っていたサービスを企業化し，公務員法を改革して公務員の数を半減する構造改革を断行した．1990年に労働党からボルジャー首相の率いる国民党に政権が交代すると，構造改革の継続とともにサッチャー流に労働法を改革して労働組合の権利を奪った．その結果，一時的に経済はよくなり，企業，金持ち，外国資本にとってはこの改革は成功したといわれ，世界各地からのNZ詣でが行われた．中田氏もこの1人である．

　松下政経塾出身の議員たち，なかでも，中田氏はこの改革を断行したグレハム・スコットやロジャー・ダグラスに自分の姿を重ねているようだ．1996年に出版された『永田町からの政治論』で，彼らはNZの構造改革を日本に照らし合わせ，以下のようにまとめている．

① 大胆な行政改革と国営企業の民営化を断行しなければならない．企業会計原則を使い行政に経営感覚を入れなければいけない．
② 日本に当てはめるべきものとして，郵政三事業の民営化，国立大学の民営化，国立病院の民営化を提言し，国立病院を民営化した場合，2万7,000人の人員削減が可能．

③ 公共事業の入札の見直し．
④ 財政投融資の改革．
⑤ 情報公開制度の確立等．

注目すべきは，国ではないのだが，横浜市という地方自治体レベルで実現されようとしている①，②である．①については，すでに企業会計で横浜市の財政を評価した．市立病院も市立大学も企業会計を導入している．その後，2003年2月11日付け神奈川新聞「しがらみなき挑戦4」の報道にあるように，自分直属のチームをつくり，みずから大胆な行政改革を断行し，市職員への合理化推進を準備しているようである．NZの過去の例をみると，公務員法が改正され，公務員の数は，政府機関の統廃合により8万8,000人から3万4,500人に削減された．

②については，市長自ら委員を指名する「あり方懇談会」・横浜市版審議会の答申という方法で，市立病院・市立大学に民営化に向けて攻勢をかけている．

■ 橋下 徹，大阪府知事の改革

10年連続で赤字予算を組んできた大阪府の一般会計当初予算案が，2009年度に黒字に転じる見通しとなった．世界的な景気後退の影響による税収減などで450億円の歳入不足が懸念されていたが，橋下知事の08年度の財政再建で，年度末に数百億円の余剰金が生じる見込みとなり，就任2年目で，11年ぶりの赤字脱却を果たす見通しが立った．

府の一般会計当初予算案は，1999年度に169億円の収支不足に陥って以降赤字が続き，01年度からは借金返済のための減債基金から430億円〜1,145億円繰り入れてきたが，赤字は解消できず，08年度も50億円の歳入不足だった．

橋下知事は，08年度の予算編成で，職員給与を都道府県最低水準まで引き下げたほか，私学助成や市町村補助金を削減，減債基金の繰り入れも中止し，1,100億円の収支改善を達成した．こうした取組みと経費節減などで，年度末に財源として回せる数百億円の余剰金を財源とし，行政改革推進債などと合わせると，税収減を見込んでも黒字転換が可能になった．08年度に185億発

行した赤字債の退職手当債も，09年度は発行しない方向で調整を進めている．

■ 人件費の削減

　大阪府の総額345億円の人件費削減案を巡り，2008年6月20日から21日にかけて団体交渉が徹夜で行われた．橋下徹知事と二つの職員組合との主張は平行線のまま決裂し，論戦の舞台は7月1日開会の府議会に移ることになった．組合側は各会派への働きかけを強めて巻き返しを図る方針で，給与カットの行方はなお不透明である．

　僕は外部の感覚で判断するという橋下知事．11時間に及ぶ交渉が終わった21日午前10時半過ぎ，知事は疲れた表情をみせながらも，報道陣に「人件費削減が府民の声」との考えを強調した．府で労使交渉が決裂したのは，1950年結成の府労働組合連合会（府労連，1万8,000人，連合系），89年結成の府関連労働組合連合会（府労組連，1万4,000人，全労連系）とも初めてである．交渉を報道陣に公開したことや，知事が出席したことを含め，異例ずくめの展開となった．

　職員給与は労使合意を得なくても条例で決定できるため，橋下知事は当初方針通り，削減策を府議会に提案する考えである．府幹部は「削減を強行する形になるが，徹夜の議論で誠意は十分見せられた」と話した．二つの組合との団体交渉を通じ，橋下知事は「人件費削減は不可避」との主張を譲らず，組合側から怒号が飛ぶ場面もあった．

　府労連との交渉で，橋下知事が「組合の主張は自分たちの生活のことばかり」と指摘すると，新居晴幸委員長が「当然だ．人件費削減に反対する交渉の場だ」と声を荒らげた．

　人件費削減案は，一般職の給料を16～4％，退職金を5％それぞれカットすることが柱となっている．実施中のボーナスカットなどを含めると平均年収（712万円）は約43万円減り，基本給は都道府県で最低水準に落ち込む．

　今後は，府議会が削減案を認めるかどうかが焦点になる．府労連は民主党と，府労組連は共産党と関係が深いが，両党だけでは府議会の過半数に足りず，知事与党の自民，公明両党の判断が注目される．自公内にも「カット幅が大きすぎる」との意見もあり，削減案修正の可能性は残されている．

■ 府民に覚悟を迫る改革プロジェクト

　大阪府の財政構造を抜本的に見直すため，橋下知事は2009年11月，「改革プロジェクトチーム（PT）」を12月1日に発足させると発表した．国民健康保険や介護保険など国の制度によって府が負担する義務的経費の問題点を調査し，国に再検討を求める．また府職員の給与制度や，行政サービスの見直しも進める．

　府が取り組んでいる「財政再建プログラム」は来年度で終了するため，改革PTで2011年度からの新たな財政再建プログラム案を作成し，2010年9月に公表する．

　義務的経費の調査について橋下知事は「国の施策は空手形みたいなもの．財源がないのにあれをやる，これをやると言い続け，国も地方もぼろぼろになった」と指摘．自治体が自立できる仕組みを検討し，発信するという．また府の行政サービスを他の都道府県と比べ，「過剰」と判断すれば削減も考える．教育や福祉も聖域にせず，「府民に一定の覚悟を求めるかもしれない」と言っている．

■ ニュージーランドの行政改革

1. ニュージーランドの行革の概要

　ニュージーランド（以下「NZ」と略す）の行革は，1984年に始まり，徹底的な規制撤廃，民営化，財政再建等により世界的に注目を集めた．国家公務員を半数以下に減らすなどの極端な行革の結果，失業率の増加などの痛みを伴ったものの，1985年度に11億8,600万NZドルの赤字だった国の財政は，1994年度には26億9,500万NZドルの黒字に転換した．

　また，1994年度には経済成長率が年6％を記録するなど，経済成長も著しい．この一連の改革の中で，日本の県にあたるregionは22から14へ，市町村にあたるcityとdistrictは205から74へ，400以上あった特別公共団体は7へと法律によって削減された．また自治体は全て重要施策の決定について住民の意志を尊重しなければならなくなった．

2. 民主主義の徹底

　日本の状況対応型の行政ではなく，NZの理念対応型の行政の真髄が地方行

政に具現化されているのが民主主義の徹底である．行政施策について徹底的に住民に相談を行い，最終判断も住民に委ね，行政が裏方に徹することにより，住民が必要としない事業は行われなくなるという方法だ．さらに，個別的・地域限定的な課題は自治体ではなくコミュニティが解決することになったため，行政が介在する課題が減り，自治体が固有の事務に専念できるようになったばかりか，財政再建に大いに役立っている．

具体的には，自治体は毎会計年度の4ヶ月前に計画案を公開し，住民の意見を集約して年間計画を作成する．そして，1年間の会計年度で実施した行政の成果を調査などにより住民に評価してもらい，その結果を数字で示した年間報告書へまとめることになる．このため，事業の目標と目的が明らかになるとともに，自治体は，日本のように課が予算要求事務や査定事務に没頭することなく，住民調査などの民主主義強化の業務や企画業務に専念できるようになっている．財務的には，各自治体は，貸借対照表と損益計算書を作成・公表するようになり，日本型の現金主義会計から発生主義会計に移行し，行政側のコスト意識が強化され，支出の無駄が省けるようになった．

行政の評価が予算の執行率から住民評価に変化したことと相まって，年度末の予算消化も不要となり，事務軽減につながった．

さらに，貸借対照表の作成は，自治体の不要資産売却による財政赤字の補てんや固定資産の賃借につながった．現在は，役所が民間ビルの一室だけという形態も不自然ではなくなった．特に，公共資産に減価償却費の概念が取り入れられたことは，維持費のかかる公共資産の保有，管理，売却の判断にかかわる行政と住民の意識を大いに向上させた．

以上の施策が可能となったのは，1982年に成立した行政情報に関する法律に基づく**情報公開**が根底にある．例えば，自治体の事業計画時の会議も住民が傍聴できるし，自治体も住民も，地方公共団体の監視者は国ではなく住民であるという意識が出来上がった．そして，債務状況・経過の明確な公表は，公共団体の負債は住民にとっても負債であるという意識を育み，行政の債務依存体質を除去し，歳入・歳出の均衡をもたらした．こうした一連の理念，施策により，行政と住民の信頼がもたらされたのである．

3. 行政組織の合理化

　NZ の財政制度の特徴として，税収と歳出の均衡があげられる．地方の財政はほぼ国から独立し，歳入のうち約１割が国からの補助金で，半分以上が固定資産税となっている．

　この固定資産税の税率は，永続的な率を適用するのではなく，毎会計年度の歳出見通しによって決定される．すなわち，住民が自分達のために色々な事業を展開して欲しいと考えるなら，歳出拡大が予想されるため税率が上がり，逆に税率を下げて欲しいと望むなら，住民は行政への事業展開の要望を自粛せねばならない．

　したがって，行政の歳入と歳出の責任が，自治体ではなく住民にあることとなった．

　また，税額の設定の根底には受益者負担という思想があり，特定地区の税率が他地区の２倍になるということも時には存在する．そして，税収と税の使途との関連が明確になっているため，住民の納税意識が高く，滞納率は１％未満で，滞納を続けると競売という厳しい措置が待ち受けている．

　一方，行政組織の大きな特長として契約制の導入があげられる．これは，首長と最高責任者（副知事，助役）との間で契約が締結され，その最高責任者が一般の職員と期限限定の雇用契約を結ぶのである．なお，最高責任者は，一般職員との雇用契約に対し，首長や議会に責任を持たせず，首長と契約した目標の達成についてのみ責任を有するというものだ．

　その結果，人事に対する政治家の介入は排除され，能力重視の人事が可能となった．さらに，NZ の行政組織は，固定的な部課毎の人員配置ではなく，比較的流動的な事業別の人員配置となっており，セクト主義と縦割り行政が廃除され，横の連携が容易になった．さらに，旧態依然の閑職は置く必要がなくなった．

　このように，技術系の仕事を減らし民間委託などを推進したことにより，公務員の大幅削減が可能となったのである．その他，現業職員も民間委託により大幅に削減された．

　さらに，産業に対する補助金のほぼ全廃は，国内産業の競争力を強化させたばかりか，補助金業務に携る労働力を極端に減少させた．加えて，補助金業務

の減少は地方自治の本旨としての自主的課税権の尊重と相まって，地方の国に対する予算要求などの事務を不要にさせた．

　また，行革に積極的な自治体は，バーテルスマン賞で国際的に評価され，自治体職員の意欲向上に役立っているが，背景として，国が強制的に自治体を合併させた上で，行革が成し遂げられたことも忘れてはならない．この強制合併で，市町村は万人単位の適正規模に拡大し，議員の減少で議会歳費も大幅に減少することになったのである．

4. 市場原理への信頼

　NZ の行革の大きなテーマの一つは，徹底的に市場原理を信頼し，行政の経済に対する関与を極めて少なくすることである．このテーマに基づいて，ドラスティックに補助金のカット，許認可事務の廃止，公務員の削減，民営化，民間委託が行われた．その中で，公社の民営化の過程で自治体が株主となり，配当金と納税で債務を補てんするという，日本では考えられない行革手法を紹介する．

　まず，民営化による利益が期待できない公社は，公社やトラストとして残す一方，民営化による利益が享受できそうな公社は，最初に公営企業となり，その後の動向次第で一般企業に移行される．これによって，公社時代は現在の日本と同様に自治体の一般会計から公社に補助金を出していたものが，公営企業化後の営業利益によって，自治体への配当金の支払いと納税が行われるようになる．

　さらに一般企業に移行されると，職員の自社株取得が可能になって，勤務意欲向上と自社の発展に対する貢献の意識，サービス向上，効率性向上，株価の上昇，および収益増に伴う自治体への配当額・納税額の増加がもたらされ，自治体の財政好転の大きな要因となった．その他，海外への公社などの資本売却の自由化により，海外からの資本投資が活発化し，海外の進んだ経営手法の導入にもつながった．

　なお，懸念された大幅な海外への資本流出という事態も起きていない．こうした自由化政策を伴う市場重視の経済政策が，高い経済成長と中間取引の減少による低インフレをもたらしたのである．

5．NZ の行革から学ぶこと

　NZ の行革から，民主主義は金がかかるというイメージを払拭し，逆に民主主義は不要な歳出を減らしてくれることを重視する必要がある．例えば，県でも県政モニター制度などを活用して，計画案→年度計画→年度報告書という企画・総務主体の民主的行政運営を取り入れる．さらに長期戦略については，ビジョンだけでなく，予算の裏付けと，プロジェクトにかかる概算費用を明らかにする必要がある．

　次に，他県に先がけて，県財政に係る貸借対照表と損益計算書を作成する．もちろん民間企業と異なり何が収益なのか判断が難しいが，これによって遊休資産の把握や，費用対効果の把握による適正支出に向けての指針が出来上がってくるのである．

　3番目に，新庁舎への移転を契機に，部課主体の人員・予算配置から，事業主体の人員予算配置への移行を検討する．これは，NZ の行革をモデルに，三重県などが既に一部この概念を取り入れ，マトリックス予算編成を行っている．これにより縦割行政の弊害からの脱却が図れ，契約制による課題処理という理念を掲げれば，適正かつ柔軟な人員・予算配置が自ずと可能になってくるであろう．

　4番目に，民間委託の拡大を検討する．特に膨大な県の発注，工事の工程管理，公共構造物の維持管理業務を徐々に民間委託し，将来は設計・施工一括発注，工程管理や維持管理の民間委託を推進していけば，漸次行革が推進されていくはずである．

第 9 章の演習問題

1. 郵政民営化については，数年前に実施されたにもかかわらず，再度見直し論議が出てきている．見直し論者はどこが問題だと主張しているのか．また，民営化賛成論者は，どのように優れていると主張しているのか．
2. いままでの内容から成功した行政改革に共通する点は何か．整理してまとめなさい．

第10章 経営戦略のための線形計画法

―〈本章を学ぶポイント〉―

1. 官と民の経営戦略の目的は線形計画法主問題と双対問題により定式化され，両者（官と民）の関係が双対関係にあることを理解する．
2. 民の経営戦略の目的は，線形計画法主問題で記述できることと，この問題を解くためのプライマルシンプレックス法を理解する．
3. 官の経営戦略の目的は，線形計画法双対問題で記述できることと，この問題を解くためのデュアルシンプレックス法を理解する．

　本章では，官と民の経営戦略の目的を線形計画法主問題と双対問題により明らかにする．

10.1 民の経営戦略

ある企業では，商品 A，B を生産し販売している．このとき，商品 A の利潤は「5 単位」，商品 B の利潤は「6 単位」であることがわかっている．また，商品 A を一つ生産するためには，材料費「4 単位」，人件費「2 単位」を必要としている．また，材料費は，総計「16 単位」まで，人件費は，総計「20 単位」まで使えるとする．このとき，この企業の利潤を最大化するには，商品 A，B はそれぞれ何個生産すればよいのか？

まず，この問題を，線形関数を使って解いてみよう．商品 A，B の個数をそれぞれ x，y 個とするとして，そのときに得られる利潤の総計を z とすれば，

$$z = 5x + 2y \to \max \tag{10.1}$$

となる．このときの z を最大にすればよいのであるが，材料費と人件費はそれぞれ次のような制約条件がある．

材料費 16 単位以内：

$$4x + 2y \leq 16 \tag{10.2}$$

表 10.1　線形計画法主問題の諸数値

	材料費	人件費	利潤
商品 A	4 単位	2 単位	5
商品 B	2 単位	4 単位	6

人件費 20（単位）以内：

$$2x + 4y \leq 20 \tag{10.3}$$

x, y はともに正かゼロの数：

$$x \geq 0, \quad y \geq 0 \tag{10.4}$$

以上，三つの制約条件 (10.2)，(10.3)，(10.4) を満足する (x, y) の存在範囲は，図 10.1 の影の付いた部分にある．

いま，総利潤を表す式

$$z = 5x + 6y$$

を考えると，この直線が図の影の付いた部分と共通点をもつ限りにおいて z が最大となるのは，この利益を表す 2 直線

第10章◆経営戦略のための線形計画法

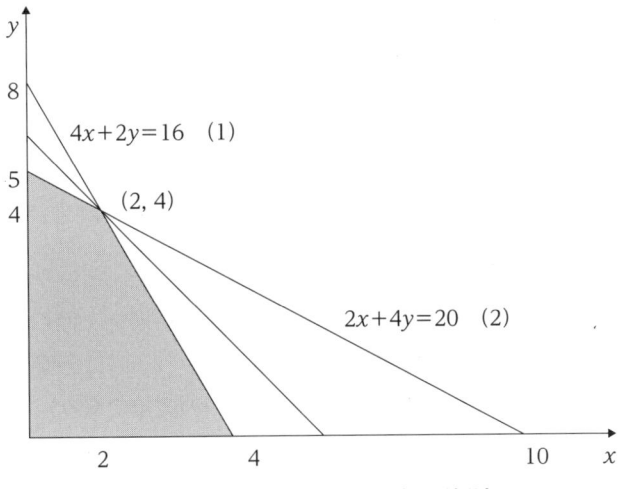

図10.1 線形計画法主問題の図解法

$4x+2y=16$
$2x+4y=20$

の交点（$x=2$, $y=4$）を通るときである．

したがって，最大の利潤は，商品Aを2個，商品Bをそれぞれ4個作るときであり，34となる．

表10.2 線形計画法双対問題の諸数値

	経済政策	福祉政策	満足度水準
住民Aの満足度	4	2	5
住民Bの満足度	2	4	6

$z=10+24=34$

「商品A」「商品B」

以上で，ある企業の経営戦略に関する問題は解決された．ところで，このような問題は，一般に**線形計画法の問題**と呼ばれ，経営のための数学の一分野としていろいろ研究されており，経済・政治・社会のあらゆる方面にその威力を発揮している．また，実際に線形計画法が適用される場合には，変数の数が二

つや三つどころではなく，100 あるいはそれ以上もある場合が多く，近年はコンピュータ能力の向上により，それらの問題が速く正確に解けるようになってきた．また，本例は**線形計画法主問題**と呼ばれている．

ところで，もう一つの事例問題を解くことにしよう．

■ 10.2 官の経営戦略

ある地方の行政担当者は，予算の配分に苦慮していた．というのは，行政担当者として，二つの視点を考慮して，共に満足する結果を決定しなければならないからである．一つは経済活性化政策であり，もう一つは医療福祉政策である．どちらも重要であるが，その相対評価（二つの政策の重み）を計算してみたいというのである．ところで行政評価は，まず「ムダ使い」を最小にしたいという観点から，政策実行にかかる費用を最小にするという関数を考えてみる．この行政主体にとって，経済活性化政策を 1 単位施行すると 1.6 億円の予算が必要であり，医療福祉政策を 1 単位施行すると 2 億円の予算が必要である．ところで，住民側 A（比較的若年層）にとっては，経済活性化政策 1 単位は「4」の満足度があり，医療福祉政策 1 単位は「2」の満足度があり，総満足度は「5 以上」が必要であることがわかっている．一方，住民側 B（比較的老年層）にとっては，経済活性化政策 1 単位は「2」の満足度があり，医療福祉政策 1 単位は「4」の満足度があり，総満足度は「6 以上」が必要であることがわかっている（表 10.2 参照）．

そこで，この行政担当者の思惑どおり，住民の満足度水準を確保しつつ行政費用が最小になるには，それぞれの政策をそれぞれ何単位実行すればよいのであろうか．前問と同じように線形計画法を使ってやってみることにしよう．

この問題も前問と同じように，線形関数を使って解いてみる．経済活性化政策 (x) を x 単位，医療福祉政策 (y) を y 単位施行したときの費用の合計を z^* とすると，

$$z^* = 16x + 20y \to \min \qquad (10.5)$$

となる．このときの z^* を最小にすればよいのだが，住民 A，B の総満足度の制約条件はそれぞれ次のようになる．

・住民 A の満足度 5 以上：

$$4x+2y \geqq 5 \tag{10.6}$$

・住民Bの満足度6以上：

$$2x+4y \geqq 6 \tag{10.7}$$

・x, y はともに正かゼロの数：

$$x \geqq 0, \ y \geqq 0 \tag{10.8}$$

以上三つの制約条件（10.6），（10.7），（10.8）を満足する点〈x,y〉の存在範囲は，図10.2の影の付いた部分にあたる．

いま総費用を表す式

$$z^* = 16x + 20y$$

を考えると，この直線が図の影の付いた部分と共通点をもつ限りにおいて z^* が最小になるのは，この費用を表す直線が2直線

$$4x+2y=5$$
$$2x+4y=6$$

の交点（$x=2/3, y=7/6$）を通るときである．したがって，最小の行政費用の均衡点は，経済活性化政策を2/3単位，医療福祉政策を7/6単位実行するときであり，

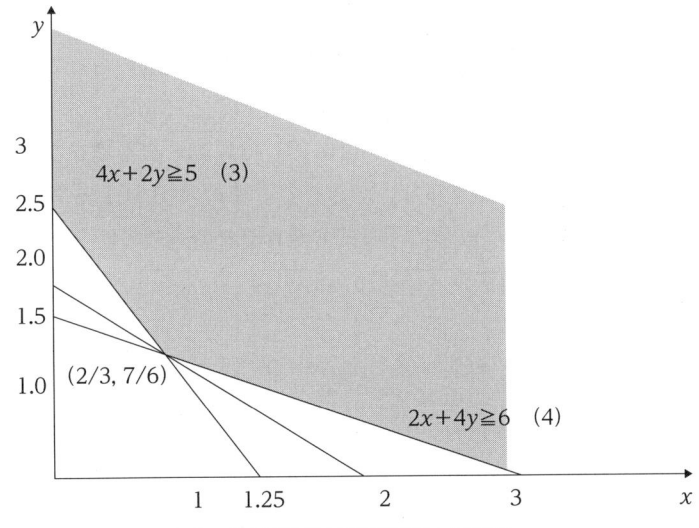

図10.2 線形計画法双対問題の図解法

$z^*=32/3+70/3=102/3=34$（千万円）

　　政策 x　　政策 y

となる．

また，本例は，**線形計画法双対問題**と呼ばれている．

■ 10.3 プライマルシンプレックス法

民間部門の経営戦略は，10.1 節より線形計画法主問題により定式化されることがわかった．そこで本節では，線形計画法主問題を一般的に定式化する．

目的関数
$$f(x)=C_1x_1+C_2x_2+\cdots+C_nx_n \to \max \tag{10.9}$$

制約条件

$$\left. \begin{array}{l} a_{11}x_1+a_{12}x_2+\cdots+a_{1n}x_n \leq b_1 \\ a_{21}x_1+a_{22}x_2+\cdots+a_{2n}x_n \leq b_2 \\ \qquad\qquad\vdots \\ a_{m1}x_1+a_{m2}x_2+\cdots+a_{mn}x_n \leq b_m \\ x_1,x_2,\cdots,x_n \leq 0 \end{array} \right\} \tag{10.10}$$

式（10.9），（10.10）からわかるように，線形計画法主問題とは，正または 0 の n 変数 $(x_1,x_2,\cdots,x_n)$ に関する連立一次不等式の制約のもとで，それらの変数による一次式［目的関数 $f(x)$］を最大にすることである．

ただし，この場合の制約条件式（10.10）は連立一次不等式なので，このままでは，解は一意的に定まらない．そこで不等式（10.10）を等式の連立一次式に変える必要がある．m 個の不等式のそれぞれの両辺の差を $x_{n+1},x_{n+2},\cdots,x_{n+m}$ として次のように変換する．

目的関数
$$f(x)=C_1x_1+C_2x_2+\cdots+C_nx_n+C_{n+1}x_{n+1}+\cdots+C_{n+m}x_{n+m} \to \max \tag{10.11}$$

制約条件

$$
\left.\begin{array}{l}
a_{11}x_1+a_{12}x_2+\cdots+a_{1n}x_n+x_{n+1}=b_1 \\
a_{21}x_1+a_{22}x_2+\cdots+a_{2n}x_n+x_{n+2}=b_2 \\
\quad\quad\quad\quad\quad\quad \vdots \\
a_{m1}x_1+a_{m2}x_2+\cdots+a_{mn}x_n+x_{n+m}=b_m \\
x_1,x_2,\cdots,x_n,x_{1+1},\cdots,x_{n+m}\geqq 0
\end{array}\right\} \quad (10.12)
$$

ここで,目的関数 (10.11),制約条件 (10.12) における変数 $x_{n+1}, x_{n+2}, \cdots, x_{n+m}$ をスラック変数といい,係数 $C_{n+1}, \cdots, C_{n+m}$ の値は実際には,$C_{n+1}=C_{n+2}=\cdots=C_{n+m}=0$ となっている.

また,式 (10.12) の制約条件のもとで式 (10.11) を最大にする変数 ($x_{n+1}, x_{n+2}, \cdots, x_{n+m}$) を求める方法は,次に示すプライマルシンプレックス法がある.以下,10.1 節の例をプライマルシンプレックス法を使って解くことにする.

そこで,まずこの例における線形計画法主問題を定式化すると次のようになる(式 (10.11),(10.12) 参照).

目的関数
$$f(x)=5x_1+6x_2 \to \max \quad (10.13)$$

制約条件
$$\left.\begin{array}{l} 16=4x_1+2x_2+x_3 \\ 20=2x_1+4x_2+x_4 \\ x_1,x_2,x_3,x_4\geqq 0 \end{array}\right\} \quad (10.14)$$

次に,表 10.3 に示すシンプレックス表を以下の (i) から (x) の順序で作成する.まず,ステップ 1 の行列は (i) から (vii) の操作で行う.

- (i) 第 1 行に $f(x)$ の負の係数 $-C_j$ の値を記入する.
- (ii) 第 2,3 行は,式 (10.14) の係数 $-C_j$ の値を記入する.
- (iii) 表の b 列がすべて正か零であることを確認する.
- (iv) $f(x)$ 行に負の数があるかどうか調べる(この場合 $-5, -6$ の二つある).
- (v) (iv) で絶対値の最も大きい数(x_2 列の -6)に注目し,その列にマークする.
- (vi) b 列の各数を x_2 列の正の数で割った値 θ を計算する($16/2 = 8$, $20/4=5$).

（vii）θ の値の大小を比較して，最小値（x_4 行の 5）に注目して，その行（x_4 行）にマークする．

以上で，ステップ 2 の基底に新しく入ってくる変数（x_2）と，代わりに基底から出ていく変数（x_4）が決まる．ステップ 2 の基底は，x_3, x_2 となった．そして，これに伴う消去計算の操作（viii），（ix）を行う．

表 10.3　プライマル法

ステップ	基底	b	x_1	x_2	x_3	x_4	θ	
1	$f(x)$	0	-5	-6	0	0		(1.1)
	x_3	16	4	2	1	0	8	(1.2)
	x_4	20	2	4	0	1	5	(1.3)
2	$f(x)$	30	-2	0	0	1.5		(2.1)
	x_3	6	3	0	1	-0.5	2	(2.2)
	x_2	5	0.5	1	0	0.25	10	(2.3)
3	$f(x)$	34	0	0	2/3	7/6		(3.1)
	x_1	2	1	0	1/3	$-1/6$		(3.2)
	x_2	4	0	1	$-1/6$	1/3		(3.3)

（viii）ステップ 1 第 3 行の 3 列の数字 4 を 1 に代えて，ステップ 2 の第 3 行に送る（ステップ 2 の第 3 行はステップ 1 の第 3 行を 4 で割った数列）．

　（ステップ 2 の第 3 行）=（ステップ 1 の第 3 行）÷4

　を記入する．

（ix）ステップ 1 の第 3 行以外の列の数を 0 に代えて，ステップ 2 に送る．したがって，ステップ 2 の第 1 行，第 2 行はそれぞれ次のようになる．

(2.1) = (1.1) + (2.3) ×6

(2.2) = (1.2) − (2.3) ×2

（x）ステップ 2 において，ステップ 1 で行った操作（iv）から（vii）を繰り返す．

ステップ 2 の第 1 行における負の数を調べると，-2 だけである．したがっ

て，-2 に注目し x_1 列にマークする．また θ は以下のようになる．

$$\frac{6}{3}=2$$
$$\frac{5}{0.5}=10$$

θ の値を比較すると，x_3 行に対応する 2 が最小であるので，その行にマークする．これでステップ 3 の基底に新しく入ってくる変数 x_1 と代わりに基底から出ていく変数 x_3 が決まる．ステップ 3 の基底は，x_1, x_2 となる．

そしてあとは，前のステップと同じような消去計算を繰り返していく．その結果は，表 10.3 に示したとおりである．そこで，ステップ 3 の第 1 行の負の数を調べると，負の数はない．このとき，最適解に達したことがわかり，計算は終了する．最適解は $x_1=2$, $x_2=4$, $f(x)=34$ となり，10.1 節に示した計算結果と同じである．

■ 10.4 デュアルシンプレックス法

官の部門の経営戦略は，10.2 節より線形計画法双対問題により定式化されることがわかった．そこで本節では，線形計画法双対問題を一般的に定式化する．

目的関数
$$g(u)=u_1b_1+u_2b_2+\cdots+u_mb_m \to \min \quad (10.15)$$

制約条件
$$\left.\begin{array}{l}a_{11}u_1+a_{21}u_2+\cdots+a_{m1}u_m \geq c_1 \\ a_{12}u_1+a_{22}u_2+\cdots+a_{m2}u_m \geq c_2 \\ \quad\quad\quad\quad\vdots \\ a_{1n}u_1+a_{2n}u_2+\cdots+a_{mn}u_m \geq c_n \\ u_1,u_2,\cdots,u_m \geq 0\end{array}\right\} \quad (10.16)$$

式 (10.15)，(10.16) は式 (10.11)，(10.12) の係数行列を転置した（行と列を入れ換えた）ものである．

次に，式 (10.15)，(10.16) にスラック変数を付けると次のようになる．

目的関数
$$-g(u) = -u_1 b_1 - u_2 b_2 \cdots -u_m b_m \to \max \tag{10.17}$$
制約条件
$$-c_1 = a_{11}u_1 - a_{12}u_2 - \cdots - a_{m1}u_m + u_{m+1}$$
$$-c_2 = a_{12}u_1 - a_{22}u_2 - \cdots - a_{m2}u_m + u_{m+2}$$
$$\vdots \tag{10.18}$$
$$-c_n = a_{1n}u_1 - a_{2n}u_2 - \cdots - a_{mn}u_m + u_{m+n}$$
$$u_1, u_2, \cdots, u_m, u_{m+1}, \cdots, u_{m+n} \geq 0$$

ここで，線形計画法の主問題の実行可能解をベクトル x，双対問題の実行可能解をベクトル u とし，主問題，双対問題における利益係数をそれぞれベクトル c, b で表わすと，次のような関係が成立する．

$$Cx \leq ub$$

特に，等号が成立する場合は，

$$Cx^0 = u^0 b$$

となり，この場合の x^0, u^0 は最適解になっている．これを線形計画法の双対定理という．

ところで，前述の線形計画法主問題のシンプレックス表作成の手法を，プライマルシンプレックス法といったが，この線形計画法双対問題のシンプレックス表作成の手法をデュアルシンプレックス法という．さてデュアルシンプレックス表の作成手順を，プライマルシンプレックス法と同じようにして示す．

例として，10.2節の問題を取り上げる．

目的関数
$$-g(u) = -16u_1 - 20u_2 \to \min \tag{10.19}$$
制約条件
$$\left. \begin{array}{l} -5 = -4u_1 - 2u_2 + u_3 \\ -6 = -2u_1 - 4u_2 + u_4 \end{array} \right\} \tag{10.20}$$

次に，表10.4に示すシンプレックス表を以下の順で作成する．

(i) 第1行には，シンプレックス基準 $-g(u)$ を，また，第2,3行には，(10.20)の係数をそのまま書く．

(ii) c 列に負の数があるかどうか調べる．(この例では$-5, -6$) もし c 列 (た

だし，2 行目と 3 行目）に負の数がなく，正または 0 ならば計算終了．
- (iii) (ii) の中で絶対値の最も大きい数 (-6) に注目し，その行 (u_4) にマークする．
- (iv) $-g(u)$ 行の数を u_4 行の数で割った値 θ を計算する．
  $16/-2=-8, \quad 20/-4=-5$
- (v) θ の最大値（u_2 列の -5）に注目し，その列にマークする．
- (vi) (iii) (v) により，基底から出ていく変数 u_4 と，ステップ 2 の基底に新しく入る変数 u_2 が決まる．
- (vii) ステップ 2 の新しい基底は，u_3, u_2 となる．
- (viii) 消去計算

上の (i) から (viii) の繰り返し計算がデュアルシンプレックス法の概要である．さて (viii) の消去計算を示す．

$(2.3) = (1.3) / -4$
$(2.1) = (1.1) - (2.3) \times 20$
$(2.2) = (1.2) + (2.3) \times 2$

以上の計算で，ステップ 2 の表が作られた．そこで，ステップ 2 の c 列に負の数があるかどうか調べる．ここでは，-2 がこれにあたり，u_3 行にマークする．

また，θ の値は，

$6/-3=-2, \quad 5/-0.25=-20$

となるから，その最大値は，u_1 列の -2 である．

したがって，u_1 列にマークし，u_3 の代わりに新しく，u_1 を基底に入れる．これに伴う消去計算は，次のとおりである．

$(3.2) = (2.2) / -3$
$(3.1) = (2.1) - (3.2) \times 6$
$(3.3) = (2.3) - (3.2) \times 0.5$

以上の計算でステップ 3 の表が作られた．そこでステップ 3 の c 列に負の数があるかどうか調べる．負の数がないので，実行可能解に達したことがわかる．しかもステップ 3 の第 1 行がすべて非負（c 列の -34 を除いて）であるから，この実行可能解は最適解であることがわかる．したがって，最適解は $u_1=2/3$, $u_2=7/6$ であり，目的関数は $-g(u)=-34$ だから，$g(u)=34$ となり，10.2 節

に示した計算結果と同じである．

表 10.4 デュアル法

ステップ	基底	c	u_1	u_2	u_3	u_4	θ	
1	$-g(u)$	0	16	20	0	0		(1.1)
	u_3	-5	-4	-2	1	0	-8	(1.2)
	u_4	-6	-2	-4	0	1	-5	(1.3)
2	$-g(u)$	-30	6	0	0	5		(2.1)
	u_3	-2	-3	0	1	-0.5	-2	(2.2)
	u_2	1.5	0.5	1	0	-0.25	-10	(2.3)
3	$-g(u)$	-34	0	0	2	4		(3.1)
	u_1	0.667	1	0	-0.333	-0.167		(3.2)
	u_2	1.167	0	1	0.167	-0.333		(3.3)

第11章 経営戦略のためのゲーム理論

―― 〈本章を学ぶポイント〉――

1. ゲーム理論の考え方で，企業と消費者の行動原理を記述でき，その結果，マクロ経済学の実態を把握できることを理解する．
2. ゲーム理論における囚人のジレンマとチキンゲームのジレンマを把握し，経営・経済の様子を記述できることを理解する．
3. 2人ゼロ和ゲームの定式化により，ゲーム理論におけるミニマックス原理を理解する．

　本章では，ゲーム理論により企業と消費者の行動原理を記述することで，マクロ経済学の実態を把握し，同時に経営・経済の様子を記述することを目的とする．

11.1 ゲーム理論の考え方

ゲーム理論の考え方は，経済現象における競争原理や，戦争・軍事面に適用され，行動科学や意思決定科学にも大いに貢献している．

たとえば，二つの国が戦争しているとか，企業間で競争をしている場合，双方がとる戦術には，いくつかの選択の余地があることが多い．そんな場合，双方とも自分が受けるであろう損失が最小になるような方法を選ぶという理論である．例として，表11.1を見てほしい．これは，A，B，二つの会社が競争しているものとして，A，B両社側からみた損得表（ペイオフ表）である．

表11.1

		B社	
		I	II
A社	I	+3 / −3	+5 / −5
	II	−4 / +4	+4 / −4

つまり，A，B社ともI，IIという二つの戦術をとる道がある場合，A社がIを選んだとする．すると，もしB社が同じIの戦術をとったとき，A社はプラス3の利得で，B社はマイナス3の損失となる．またA社が同様にIの戦術を選択したのに対してB社がIIの戦術を選んだ場合，A社はプラス5，B社はマイナス5となる．

そこで，A社がIIの戦術をとったときはどうなるであろうか？

この場合，もしB社がIの戦術でくれば，A社はマイナス4，B社は逆にプラス4となり，B社がIIの戦術をとればA社プラス4，B社はマイナス4となる．ここでA社としてもっとも望ましいのは，自社がIの戦術をとったときに，B社がIIを選んでくれることである．A社の利得が最大になるからである．

しかし，一方のB社も，むざむざこの戦術はとらない．なぜなら，A社がI，IIのどちらを選んでも，B社はマイナス5，マイナス4にしかならないからである．そうなってくると，B社は必ずIの戦術を選ぶであろう．そうすると，A社のとるべき戦術もただ一つ，Iしかありえない．

ここではじめて，A社はプラス3，B社はマイナス3の損失で納得ということになる．

これがゲーム理論における**ミニマックス原理**の一例である．そしてここでは，どの戦術を選択するかを考えるさいに，双方とも相手を信用もしていないし，あくまで利己主義（私利私欲）に徹するという原則がつらぬかれている．その結果として全体がうまくいくという，「完全自由競争の論理」が前提になっている．

ところが，ミニマックス原理が裏目に出ることもあるのである．たとえば「恐慌経済下」における消費者と企業の行動原理などがその例にあたる．そこで，これら消費者と企業の行動原理にゲーム理論を適用した例を二つ紹介しよう．

■ 11.2 囚人のジレンマ

「恐慌経済下」における企業と消費者の行動をゲーム理論により記述してみることにしよう．今，企業は「恐慌経済下」において，不良債務をかかえ，借金返済に追われている．しかし，新規事業にも投資しなければならず（恐慌経済下においても，投資効率の良い分野も少しはある），収益を投資に回すか？ 借金返済に回すか？ という，二つの戦略があることがわかる．一方，消費者は，収入を消費に回すか？ 貯蓄に回すか？ という，二つの戦略がある．ただし，この時の政府は，大恐慌を避けるため，ある程度の財政出動はやむなしという姿勢でいる．

表 11.2

		消費者	
		消費（I）	貯蓄（II）
企業	投資（I）	安定 / 安定	良い / 最悪
	借金返済（II）	最悪 / 良い	混乱 / 混乱

このような状況のなか，企業と消費者のゲームはどのように記述できるであろうか？

そこで，このような状態における企業と消費者の損得表（ペイオフ表）をま

とめると表 11.2 のようになる．

そこで，企業と消費者は，両者の利得を冷静に判断し，その結果は，次のように整理される：

① 企業，消費者とも戦略Ⅰ（投資と消費）をとれば，両者とも安定した状態を維持できる．需給ギャップをうめることができるのである．
② 企業，消費者とも戦略Ⅱ（借金返済と貯蓄）を取れば，両者とも混乱状態になる．この場合，極端な需要不足になり，経済は悪化し，両者ともダメージは大きい．しかし，最悪の状態を回避できているのは政府のある程度の財政出動のおかげである．
③ 一方が戦略Ⅰ（投資か消費）を取った場合，他方が戦略Ⅱ（借金返済か貯蓄）を実行すれば，戦略Ⅰ（投資か消費）を実行したほうは最悪になるが，戦略Ⅱ（借金返済か貯蓄）を実行したほうは良い状態が確保できる．

さて以上の損得表（ペイオフ表）をみながら，企業と消費者はどのような戦略に出るであろうか？

当然のことながら，企業と消費者双方とも，相手がどのような戦略を取るかは，知ることはできない．ただし，双方にとって好ましい経済状況は，「良い＞安定＞混乱＞最悪」の順とする．

この例は，前述した「ミニマックス原理」を逆用したものである．すなわち，この理論を今回の例に当てはめてみたらどうなるであろうか？　そこが，この問題のミソである．はたして，この状況下で企業と消費者は，どのように振る舞えば良い結果が得られるであろうか？　この状況に置かれた企業と消費者とも，次のように悩むことであろう：

① 相手がもし戦略Ⅱ（企業なら借金返済，消費者なら貯蓄）を実行すれば，自分も戦略Ⅱを実行しなければならない．なぜなら，この場合経済の「混乱」ですむが，相手が戦略Ⅱを実行しているのに自分は戦略Ⅰ（企業なら投資，消費者なら消費）を実行すれば，経済が「最悪」のシナリオになってしまうからである．
② 相手が戦略Ⅰを実行する場合を想定しよう．すると，自分は戦略Ⅱを実行すれば経済の状態は「良い」となり，救われる．
③ だから，どっちにころんでも，自分は戦略Ⅱを実行すればよいのだが，も

し相手も自分と同じことを考えて戦略Ⅱを実行すれば，いやでも，経済の「混乱」になってしまう．最悪のシナリオは回避されるが，経済が「混乱」する打撃は大きいのである．

④ もし，相手もこちらの考え方を察知してくれれば，両方とも戦略Ⅰを実行し，経済は「安定」する．これくらいなら，「恐慌経済下」では，まあまあではないだろうか．

ここに，2人のプレイヤー（企業と消費者）の悩みがある．つまり，自分だけ「良い状態」になればよいという考え方で行動すれば，2人のプレイヤーとも戦略Ⅱを実行して経済の「混乱」という打撃を受けてしまうが，自分は最悪になっても相手が「良い」であればそれでよいと思う利他主義に徹して戦略Ⅰを実行すれば，両者とも経済の「安定」が得られる．両プレイヤー（企業と消費者）とも幸せなのである．

こうしてみるとおり，ミニマックス原理が，このような例（「恐慌経済下」の行動）では裏目に出ることもあるのである．この例は有名な囚人のジレンマと呼ばれるジレンマゲームですが，やはり結果を見ても，「恐慌経済下」の経済では，消費と投資は有効需要を増やすことができてよいことになるのである．

■ 11.3 チキンゲームのジレンマ

11.2節の例と同じ状況における2人ゲーム（企業と消費者）を考えることにしよう．ただし，政府は「恐慌経済下」であることに気づかず，財政出動をあまりやらない．したがって損得表（ペイオフ表）は表11.3のようになった．

表 11.3

		消費者	
		消費（Ⅰ）	貯蓄（Ⅱ）
企業	投資（Ⅰ）	安定 / 安定	良い / 混乱
	借金返済（Ⅱ）	混乱 / 良い	最悪 / 最悪

そこで，企業と消費者は，両者の利得を冷静に判断し，その結果は，次のように整理された：

① 両者（企業と消費者）とも戦略Ⅱ（借金返済と貯蓄）を実行すれば，経済は「最悪」になる．政府の財政出動がないので，大恐慌に突入する可能性がある．

② 両者とも戦略Ⅰ（投資と消費）を実行すれば両者とも経済は「安定」する．やはり「恐慌経済下」では投資と消費という有効需要が必要なのである．

③ 一方が戦略Ⅰを実行したのに，他方が戦略Ⅱを実行すれば，戦略Ⅰを実行したほうは経済が「混乱」となるが，戦略Ⅱを実行したほうは経済が「良い」状況になる．

さて，両者（企業と消費者）は，どのような戦略を立てるであろうか？

この状況に置かれた両者（企業と消費者）は，次のように悩むことであろう：

① 相手がもし戦略Ⅱを実行すれば，自分は戦略Ⅱを避けなければならない．なぜなら，この場合，経済の「混乱」ですむが，相手が戦略Ⅱを実行しているのに，自分も戦略Ⅱを実行すれば，経済の「最悪」のシナリオをまねいてしまうからである．

② もし，相手が戦略Ⅰを実行するとしよう．すると，自分は戦略Ⅱを実行すれば，自分の経済が「良い」状況を確保でき救われる．

③ したがって，相手が戦略Ⅱを実行する場合と，戦略Ⅰを実行する場合において，自分の立てる戦略は異なってくる．

④ しかし，相手が戦略Ⅰであろうが戦略Ⅱであろうが，自分は戦略Ⅰを実行しておけば，経済の「混乱」という最低水準は確保されることになる．すなわち，経済の「最悪」のシナリオは回避できる．したがって，相手もこの考え方を察知すれば，双方とも戦略Ⅰを実行して，経済の「安定」が約束されることになる．

⑤ このとき，もし片方が裏切った場合，裏切ったほうは経済が「良い」状態を得ることになる．

しかし，双方とも裏切った場合，双方とも経済が「最悪」のシナリオになり，大恐慌になる可能性がある．やはり，「恐慌経済下」では，企業の借金返済と消費者の貯蓄は，「最悪」のシナリオをまねくのである．特に，この例のように政府の財政出動がないと「最悪」のシナリオは大恐慌になりうる．すなわち，ここに両者（企業と消費者）にジレンマが発生する．それゆえ，このゲームは

弱者ゲーム，あるいは**チキンゲーム**と呼ばれている．

■ 11.4　ミニマックス原理

本節では，11.1 節で紹介したミニマックス原理について詳しく説明する．

例　題

ある国で，急速に成長している A 会社が新作商品を企画販売することになった．しかし，A 社にはライバル会社の B 社がおり，B 社も同じように商品を企画販売しようとしている．A 社，B 社はそれぞれ戦略が 3 つあるときに，A 社，B 社がそれぞれとるべき最適戦略を決定したい．

〈解説〉

本章で説明する**ゲーム理論**は，フォン・ノイマンとオスカー・モルゲンシュテルンの共著『ゲーム理論と経済行動』（原題：*Theory of Games and Economic Behavor*，1944 年）の出版により世の中に広まり，その後，経済行動の合理性の解明を主な目的として発展してきた．

ところで，本説で説明する**ミニマックス戦略**とは，二つの国が戦争しているといった場合や，例題のような会社と会社が企業競争している場合には，双方がとる戦術にはいくつかの選択の余地があることが多いが，そのようなときには，双方とも自分が受けるであろう損害が最小になるような方法を選ぶという理論である．

ところで例題のゲームに登場するプレイヤーは A 社と B 社である．A 社と B 社は会社であるがそれぞれの会社が戦略を選択するため 2 人で行うゲームとも考えられる．これを **2 人ゲーム**と呼ぶ．さらに，一方のプレイヤーの利益が他方のプレイヤーの損失であるゲームを**ゼロ和ゲーム**と呼ぶ．

表 11.4 は A 社側から見た利得を表現している．すなわち，A，B 社がともに戦略 1 を選んだ場合は A 社 400 万円の利益（B 社が 400 万円の損失）である．また，A，B 社がともに戦略 2 を選んだ場合は A 社 200 万円の損失（B 社が 200 万円の利益）であることを表している．

表 11.4 利得表

(単位は百万円)

A社＼B社	戦略 1	戦略 2	戦略 3	Min
戦略 1	4	2	−2	−2
戦略 2	2	−2	1	−2
戦略 3	2	4	2	2
Max	4	4	2	

A 社はまず利益最大を図ろうとする．そのため，ある戦略選択したときの利益の最小値を考え，その最小利益が最大となるよう戦略を決定する．表 11.4 を見ると

戦略 1　$\min(4, 2, -2) = -2$
戦略 2　$\min(2, -2, 1) = -2$
戦略 3　$\min(2, 4, 2) = 2$

となり，その中の最大値は戦略 3 を選択したときの 2（A 社の利益 200 万円，B 社が 200 万円の損失）である．

一方の B 社は損失の最小化を図る行動をする．ある戦略を選択したときの損失の最大値を考え，その最大損失が最小になるように戦略を決定する．表 11.4 から

戦略 1　$\max(4, 2, 2) = 4$
戦略 2　$\max(2, -2, 4) = 4$
戦略 3　$\max(-2, 1, 2) = 2$

となり，最小値は 2（A 社の利益 200 万円，B 社が 200 万円の損失）となる戦略 3 を選択する．したがって，このゲームの値は A 社が戦略 3 を，B 社が戦略 3 を選択しそのときのゲームの値は 2（A 社の利益 200 万円，B 社が 200 万円の損失）である．

2 人ゼロ和ゲームに関して数学的に説明すると次のようになる．プレイヤー P_1，P_2 の戦略集合 Ω_1，Ω_2 を

$P_1 : \Omega_1 = \{ i \mid i = 1, 2, \cdots, m \}$
$P_2 : \Omega_2 = \{ j \mid j = 1, 2, \cdots, n \}$

として，P_1，P_2 の利得行列を次のように表す．

$P_1 : f_1 = f_1(i, j)$

$P_2 : f_2 = f_2(i, j)$

また，2 人ゼロ和ゲームであるから，$f_1(i, j) + f_2(i, j) = 0$ となる．したがって，$f_1(i, j) = -f_2(i, j) = a_{ij}$ と定め，この a_{ij} を利得行列と呼ぶ．P_1 には戦略が m 個，P_2 には戦略が n 個あるため a_{ij} は m 行 n 列の行列となる．

$$a_{ij} = \begin{bmatrix} a_{11} & a_{12} & \cdots & a_{1j} & \cdots & a_{1n} \\ a_{21} & a_{22} & \cdots & a_{2j} & \cdots & a_{2n} \\ \cdots & \cdots & \cdots & \cdots & \cdots & \cdots \\ a_{i1} & a_{i2} & \cdots & a_{ij} & \cdots & a_{in} \\ a_{m1} & a_{m2} & \cdots & a_{mj} & \cdots & a_{mn} \end{bmatrix} \quad (11.1)$$

この利得行列 a_{ij} にそって，P_1，P_2 は次のように考える．まず，P_1 は利得最大を図ろうとし，ある戦略を選択したときの利益の最小を考え，その最小利益が最大となるように戦略を決定する（**マクシミン原理**）．(11.1) 式より

戦略 1　$\min(a_{11}, a_{12}, \cdots, a_{1n}) = \min_j a_{1j}$

戦略 2　$\min(a_{21}, a_{22}, \cdots, a_{2n}) = \min_j a_{2j}$

$\vdots$

戦略 m　$\min(a_{m1}, a_{m2}, \cdots, a_{mn}) = \min_j a_{mj}$

となる．

したがって，P_1 はその中の最大値を選ぶから，

$$\max_i(\min_j a_{1j}, \min_j a_{2j}, \cdots, \min_j a_{mj}) = \max_i \min_j a_{ij} = v_1 \quad (11.2)$$

となる．

一方，P_2 は損失最小を計ろうとし，ある戦略を選択したときの損失の最大を考え，その最大損失が最小になるように戦略を決定する（**ミニマックス原理**）．(11.1) 式より

戦略 1　$\max(a_{11}, a_{21}, \cdots, a_{m1}) = \max_i a_{i1}$

戦略 2　$\max(a_{12}, a_{22}, \cdots, a_{m2}) = \max_i a_{i2}$

$\vdots$

戦略 n　$\max(a_{1n}, a_{2n}, \cdots, a_{mn}) = \max_i a_{in}$

となる．

したがって，P_2 はその中の最小値を選ぶから，
$$\min_j(\max_i a_{i1}, \max_i a_{i2}, \cdots, \max_i a_{im}) = \min_j \max_i a_{ij} = v_2 \quad (11.3)$$
となる．

そして，(11.2) 式と (11.3) 式が等しいとき，すなわち，
$$\max_i \min_j a_{ij} = \min_j \max_i a_{ij} = v \quad (11.4)$$
のときゲームが決定するのである．

■ 11.5 ナッシュ均衡

前節で，ミニマックス原理について説明した．本節ではゲーム理論におけるナッシュ（Nash）均衡について具定例を用いて説明する．

例 題

前節でも登場した A 社と B 社，新たに表 11.5 に示すような利得行列を持つ戦略の選択に迫られている．表内の左の数字が A 社の利得，右側の数字が B 社の利得を表現している．このとき，A 社と B 社はどのように行動するのがよいか．

表 11.5　利得表

（単位は百万円）

B 社＼A 社	戦略 1	戦略 2	戦略 3
戦略 1	6, 6	10, 0	−4, −2
戦略 2	0, 10	4, 4	2, 0
戦略 3	−2, −4	0, 2	−2, −2

〈解 説〉

ゲーム理論は 1994 年，ジョン・ナッシュ，ジョン・ハルサニ，ラインハルト・ゼルテンの 3 人がノーベル経済学賞を受賞したことで，世間でも多くの人に知れるようになった．映画『ビューティフルマインド』では一躍有名になっ

たナッシュの半生が描かれている.

例題の解説の前に，ゲーム理論の体系について少し触れておく．ゲーム理論の中心的課題は，次の四つの理論により解決され，コンフリクト問題の記述の発展に寄与したといわれている．

一つ目が，前節で説明したフォン・ノイマンによるゼロ和2人ゲームのミニマックス原理，二つ目が，ナッシュによる非ゼロ和2人ゲームのナッシュ均衡解，三つ目が，ハルサニによる情報不完備ゲームのベイジアン均衡解，四つ目がゼルテンによるダイナミックゲーム（展開形ゲーム）の完全均衡解である．ここで特に重要な概念は，フォン・ノイマンのゼロ和2人ゲームの「ミニマックス原理」と，ナッシュによる非ゼロ和2人ゲームの「ナッシュ均衡解」である．

フォン・ノイマンによるゼロ和2人ゲームでは，ミニマックス原理による均衡点があった．つまり1人が得る利益の分だけ，もう1人が損益を被るゼロ和2人ゲームでは，1人のマクシミン戦略によって得られる最小利益の最大値と，もう1人のプレイヤーがミニマックス原理によって得られる最大損失の最小値は一致し，その戦略を均衡点とした．

そして，この均衡点における戦略を2人が選択すれば，1人は利益を最も高めることができ，もう1人は損失を最も低くすることができるのである．

ところで，ナッシュは，非ゼロ和2人ゲームでも均衡解があることを証明し，フォン・ノイマンの理論をさらに発展させた．この考えを簡単に説明すると2人のプレイヤーが折り合える点が存在し，またプレイヤーが自分の利益を上げようと必死に動いても効果はなく，相手の利益を互いに見ながら動いてはじめて決まるというものである．

ここでは，支配される戦略の連続的な除去により得られるナッシュ均衡解について，表11.5に示した利得表により説明する．

表11.5では，A社，B社ともに戦略1，2，3と三つの戦略を有し，表の左の数字はA社の，右の数字はB社の利得を示している．いま，A社の戦略2，3による利得を比較すると，B社の戦略が何であろうとつねに戦略2による利得の方が，戦略3による利得よりも大きい．このとき，戦略2は戦略3を支配する（戦略3は戦略2に支配される）という．このとき服従戦略である戦

略 3 は，明らかに A 社の利得の最大化と矛盾する．ゲームの利得表は対称であるから B 社についても同様のことが成り立つ．つまり，B 社にとっても戦略 3 は戦略 2 に支配される．したがって，プレイヤーの合理的行動の分析には，服従戦略 3 を除した二つの戦略 1 と戦略 2 によるゲームに帰着される（表 11.6 参照）．

表 11.6　利得表
（単位は百万円）

A 社 \ B 社	戦略 1	戦略 2
戦略 1	6, 6	10, 0
戦略 2	0, 10	4, 4

　ゲームの表 11.6 の利得表から，さらに A 社，B 社に関して，戦略 1 は戦略 2 を支配していることがわかる．したがって，戦略 2 を除去すれば，戦略の組（戦略 1, 戦略 1）が残る．そして，この戦略の組は例題のゲームの唯一のナッシュ均衡解である．利得最大化（損失最小化）を目的とする A 社は服従戦略を除去する一方，B 社もまた同様に服従戦略を用いないだろうと合理的に推論できる．この一連の推論プロセスを繰り返すことにより一意的にナッシュ均衡解に達することができる．服従戦略の連続的除去によって得られるナッシュ均衡解は，ゲームプレイヤーの解として明確な説得力を持つと考えられている．

第12章 経営戦略のための支配型 AHP

―――〈本章を学ぶポイント〉―――

1. 支配型 AHP の考え方をよく把握し,支配型 AHP における 2 種類の手法である支配代替案法と支配評価水準法についてそれらの使い方を理解する.
2. 支配型 AHP の数学的構造を把握し,ルール 1 の推定原理とルール 2 の推定原理を理解すること.さらに,支配型 AHP の調整原理である一斉法を理解する.
3. 支配型 AHP の例として学校法人の経営戦略について時間軸にそった定量的評価の手法を理解する.

　本章では,支配型 AHP（木下・中西提案）により,学校法人の経営戦略について時間軸にそった定量的評価の様子を記述することを目的とする.

12.1 支配型 AHP

本章では，木下・中西が提案した支配型 AHP（支配代替案法と支配評価水準法）について説明する．

12.1.1 支配代替案法（AHP における新しい考え方）

(1) 支配代替案法の提案

従来型 AHP では，各評価基準の重要度は総合目的からトップダウン的に一意に決定した．しかし，意思決定のパターンの中には，総合目的から各評価基準の重みを決定するのではなく，特定の代替案を念頭においてそれを評価しやすいように評価基準の重みを決めていくアプローチも存在すると考えられる．そのような評価基準の重みを規制する機能を持つ代替案をここでは「規制代替案」と呼ぶことにしよう．

ところで，評価基準の重みの分布は，規制代替案の数だけ存在することになるが，それは評価基準の重み決定に関して規制代替案間の争いを予想させるものである．しかし，われわれは常にそのようなものとして評価基準の重みを煮詰めるプロセスをとっているわけではない．意思決定は，リスクが少なければ多少の誤差を許容してでもできるだけ少ないコストで済ませようとするはずである．

ここでは，そのような要望に応える有力な方法として，次のようなアプローチを考察することにする．つまり，評価の根拠として決めた規制代替案による評価基準の重みの考え方に支障がなければ，そのまま最後までその方針で評価してしまうアプローチである．

そこで，本節では次のような評価方法を考える．すなわち，各評価基準の重みは，それぞれの規制代替案によって異なる分布となる．しかし，その分布は，意思決定者の恣意によって選ばれた規制代替案によって一意に決定されるものとする．つまり，評価の根拠として決めた規制代替案以外の規制代替案に関する各評価基準の重みは，根拠となる規制代替案に関する各評価基準の評価に「完全に服従」するものとする．

ここでは，このような支配力を持つ規制代替案を「支配代替案」，また支配代替案に服従する規制代替案を「服従代替案」と呼ぶことにしよう．つまり，

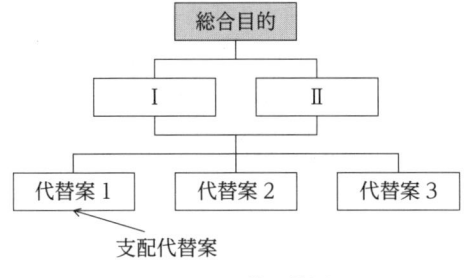

第12章◆経営戦略のための支配型AHP　153

```
            総合目的
           /        \
          I          II
        / | \
  代替案1  代替案2  代替案3
    ↑
  支配代替案
```

図12.1　階層構図

服従代替案の評価基準の重みは，支配代替案の各評価基準の重みから自動的に導出される．そして，このモデルでは支配代替案は，各評価基準の重み分布のみならず，それぞれの重み分布から導かれる総合評価値までを支配する．つまり，どの代替案が「支配代替案」になろうとも，同一の代替案の総合評価値は同じになる．

以下では，ここで提案する新しいアプローチのことを「支配代替案法」と呼ぶことにしよう．

(2) 支配代替案法による計算例

ここでは，支配代替案法による計算を簡単な例により説明しよう．

① ステップ1

階層構造は，二つの評価基準（I，II）と三つの代替案（1，2，3）からなるとする（図12.1参照）．

② ステップ2

評価基準（I，II）間の一対比較を，支配代替案（代替案1）について行う．その結果，代替案1からみたIの重み（以下では，この重みをI(1)と書く）は0.4，代替案1から見たIIの重み（以下では，この重みをII(1)と書く）は0.6になったとする（一対比較値は表12.1参照）．

表12.1　支配代替案1に関する評価基準I，IIの一対比較

	I	II	重み
I	1	2/3	0.4
II	3/2	1	0.6

すなわち，支配代替案1が規制する評価基準Ⅰ，Ⅱの重みは0.4対0.6という意味である．

③ ステップ3

評価基準（Ⅰ，Ⅱ）に対する各代替案（1，2，3）の評価を一対比較する．ただし，評価結果は，支配代替案（この場合は1）を1に基準化する．すなわち，評価基準Ⅰからみた2の評価は1の2倍であり，3の評価は1の3倍である（表12.2参照）．

表12.2 評価表（1）

支配代替案	1	Ⅰ (0.4)	Ⅱ (0.6)	E 総合評価値
評価	1	1	1	1
	2	2	0.5	1.1
	3	3	0.17	1.3

一方，評価基準Ⅱからみた2の評価は1の0.5倍であり，3の評価は1の0.17倍である（表12.2参照）．この結果，各代替案（1，2，3）の総合評価値が求まることになる（表12.2参照）．ただし，支配代替案1の総合評価値は1である．すなわち，

1の総合評価値$1(E)$は
$$1(E) = 1 \times 0.4 + 1 \times 0.6 = 1$$

2の総合評価値$2(E)$は
$$2(E) = 1 \times 0.4 + 0.5 \times 0.6 = 1.1$$

3の総合評価値$3(E)$は
$$3(E) = 3 \times 0.4 + 1.17 \times 0.6 = 1.3$$

となる．

④ ステップ4

次に，支配代替案に関する情報をもとに，服従代替案2が規制する評価基準Ⅰ，Ⅱの重みを求める．このとき，ステップ2より，支配代替案1に関する評価基準Ⅰ，Ⅱの重みは既知である．

$$Ⅱ(1)/Ⅰ(1) = 0.6/0.4 \tag{12.1}$$

ここで，支配代替案 1 と服従代替案 2 がそれぞれ規制する評価基準（Ⅰ，Ⅱ）の重みの比は，評価基準（Ⅰ，Ⅱ）からみた支配代替案 1 と服従代替案 2 の評価値の比と同じとする．すなわち，以下の式（12.2），（12.3）は既知である．

$$2(Ⅰ)/1(Ⅰ)=2/1=\alpha \tag{12.2}$$
$$2(Ⅱ)/1(Ⅱ)=0.5/1=\beta \tag{12.3}$$

ただし，$1(Ⅰ)$，$2(Ⅰ)$ は評価基準Ⅰからみた代替案 1, 2 の評価値で，$1(Ⅱ)$，$2(Ⅱ)$ は評価基準Ⅱからみた代替案 1, 2 の評価値である．すると，式（12.2），（12.3）より服従代替案 2 に関する評価基準（Ⅰ，Ⅱ）の重みの比は，以下の式（12.4）のように導かれる：

$$\frac{Ⅱ(2)}{Ⅰ(2)}=\frac{\beta \times Ⅱ(1)}{\alpha \times Ⅰ(1)}=\frac{0.5 \times 0.6}{2 \times 0.4}=\frac{0.3}{0.8}=\frac{0.273}{0.727} \tag{12.4}$$

このようにして，服従代替案 2 に関する評価基準（Ⅰ，Ⅱ）の重みが決定する．

この結果から，$Ⅰ(2)$ は 0.727，$Ⅱ(2)$ は 0.273 となる．また，表 12.2 のデータより，代替案（1, 2, 3）の総合評価値を服従代替案 2 の規制に基づく評価基準の重みにより求めると，表 12.3 のようになる．

表 12.3　評価表（2）

服従代替案	2	Ⅰ 0.727	Ⅱ 0.273	E 総合評価値
評価	1	0.5	2	0.909
	2	1	1	1
	3	1.5	0.34	1.183

すなわち，

1 の総合評価値 $1(E)$ は
　　$1(E)=0.5\times0.727+2\times0.273=0.909$

2 の総合評価値 $2(E)$ は
　　$2(E)=1\times0.727+1\times0.273=1.0$

3 の総合評価値 $3(E)$ は
　　$3(E)=1.5\times0.727+0.34\times0.273=1.183$

⑤　ステップ5

次に，服従代替案3の規制に基づく評価基準Ⅰ，Ⅱの重みⅠ(3)，Ⅱ(3)をステップ4と同様の方法で求める．この結果，Ⅰ(3)は、0.922, Ⅱ(3)は0.078となる．そして，この結果よりステップ4と同様の方法で服従代替案3に関する各代替案の総合評価値を求める（表12.4参照）．

表12.4　評価表（3）

服従代替案	2	Ⅰ 0.922	Ⅱ 0.078	E 総合評価値
評価	1	0.333	5.88	0.766
	2	0.667	2.94	0.894
	3	1	1	1

すなわち，

1の総合評価値1(E) は

　　$1(E) = 0.333 \times 0.922 + 5.88 \times 0.078 = 0.766$

2の総合評価値2(E) は

　　$2(E) = 0.667 \times 0.922 + 2.94 \times 0.078 = 0.844$

3の総合評価値3(E) は

　　$3(E) = 1 \times 0.922 + 1 \times 0.078 = 1$

となる．

ここで，表12.2，表12.3，表12.4の総合評価値を正規化すると，いずれも1 (0.294)，2 (0.324)，3 (0.382) となり，どの服従代替案の規制による評価基準の重みを適用しても，総合評価値は支配代替案による総合評価値と同じあることがわかる．

このような状態を「支配代替案間の互換性」と呼ぶことにしよう．支配代替案間の互換性が成立するときは理想的な評価品質の状態にあるといえる．

しかし，現実に互換性が保たれることは希で，多少の評価のずれ（ギャップ）が生じることが多い．そこで，このような評価のずれを調整する方法を，木下・中西は「一斉法」として提案した（12.2節参照）．

■ **12.1.2 支配評価水準法**

(1) 相対評価法と絶対評価法

　AHPには，基本的に相対評価法と絶対評価法の二つの手法がある．

　相対評価法は，評価基準のそれぞれに対する代替案間の一対比較結果をもとに総合評価を行う．絶対評価法は，評価基準のそれぞれに対する各代替案の絶対評価値を基に総合評価を行う．前者は代替案間の直接的な比較が有効な場合に適用され，後者は評価尺度を媒介しての代替案間の間接的な比較が有効な場合に適用される．

　ところで，木下・中西は，相対評価法における支配型 AHP（支配代替案法）を提案している（前述）．そこで，ここでは，絶対評価法においても同じモデルが適用可能ですことを明らかにしよう．

(2) 支配評価水準法（木下・中西提案）による計算

　ここでは，支配評価水準法（絶対評価法における支配型 AHP）による計算を「学校法人における経営戦略」の例により説明する．ところで，支配代替案法（相対評価法における支配型 AHP）の考え方は前述したとおりである．ただし，絶対評価法では，代替案評価に関する評価水準間にも相対評価法における支配代替案と同様の支配関係が存在することを明らかにする．

① ステップ1

　階層構造は，二つの評価基準（A，B），Aは教育力，Bは研究力とし，五つの代替案（代替案Ⅰ，Ⅱ，Ⅲ，Ⅳ，Ⅴ）からなるとする．ただし，Ⅰは今年の評価値であり，Ⅱは1年前の評価値，Ⅲは2年前の評価値，Ⅳは3年前の評価値，Ⅴは4年前の評価値とする（図12.2参照）．

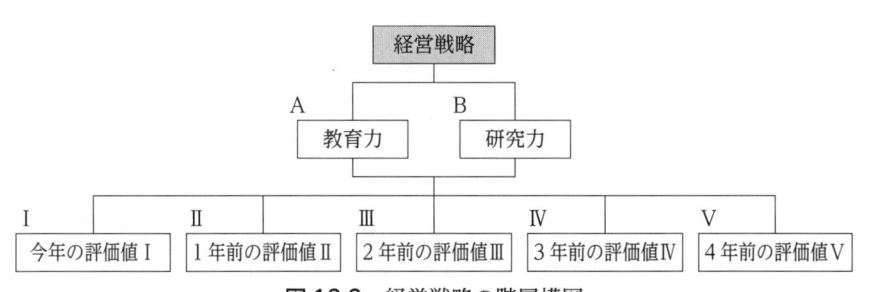

図12.2　経営戦略の階層構図

② ステップ2

評価基準 A の評価水準は G（良い），M（普通），P（悪い）とする．そこで，これら三つの評価水準間の一対比較を行う．その結果は，表 12.5 に示した．一方，評価基準 B の評価水準も G（良い），M（普通），P（悪い）とし，評価水準間の一対比較も表 12.5 に示した．

表 12.5　評価水準間の一対比較

評価基準 A に関する評価水準間の一対比較

評価基準 A	G	M	P	重み	基準化
G	1	4	7	0.687	1.0
M	1/4	1	5	0.244	0.355
P	1/7	1/5	1	0.069	0.100

C.I.=0.062

評価基準 B に関する評価基準間の一対比較

評価基準 A	G	M	P	重み	基準化
G	1	3	5	0.637	1.0
M	1/3	1	3	0.258	0.405
P	1/5	1/3	1	0.105	0.165

C.I.=0.019

③ ステップ3

評価基準（A, B）間の重みの一対比較を，評価者の恣意により選ばれた支配代替案について行う．この場合の支配代替案は評価基準 A に関する評価が評価水準 G（良い）で，評価基準 B に関する評価も評価水準 G（良い）であるような代替案を考える．このような仮想的な代替案は実際に存在してもしなくてもかまわない．

さて，このような支配代替案が規制する評価基準 A，B の一対比較は表 12.6 に示すようになり，重みは 0.6 対 0.4 になる．

表 12.6　支配評価水準に関する一対比較

	A	B	重み
A	1	3/2	0.6
B	3/2	1	0.4

④　ステップ4

　評価基準（A，B）に対する各代替案（Ⅰ，Ⅱ，Ⅲ，Ⅳ，Ⅴ）の評価を絶対評価法で行う．この場合，支配代替案は評価基準A，Bとも評価水準G（良い）である．したがって，表12.6の重みを，評価基準A，Bとも評価水準Gを1.0に基準化する．

　ここの代替案の評価は，このような仮想的な支配代替案を念頭に置いてそれとの比較で実施しているものと考えられる．

　その結果，支配評価水準（A，BともGです）に関する各代替案の総合評価値は，評価基準の重みにより計算され，表12.7のようになる．

表12.7　総合評価値（G, G）からみた総合評価値

支配評価水準	(G, G)	A (0.4)	B (0.6)	E 総合評価値
評価	Ⅰ	G 1.0	P 0.165	0.666
	Ⅱ	M 0.355	P 0.165	0.279
	Ⅲ	P 0.1	P 0.165	0.126
	Ⅳ	P 0.1	G 1.0	0.46
	Ⅴ	M 0.355	G 1.0	0.613

⑤　ステップ5

　つぎに，支配評価水準の結果を基に，それ以外の評価水準（服従評価水準）に関する評価基準の重みと総合評価値を求める．ここで，評価基準A，Bとも評価水準がP（悪い）になる仮想代替案が比較基準として念頭に置かれている．求め方は前述した支配代替法の場合と同じである．

　ただし，ここでは，支配評価水準と服従評価水準がそれぞれ規制する評価基準（A，B）の重みの比は，評価基準（A，B）からみた支配評価水準と服従評価水準の評価値の比と同じである．すなわち，ステップ3より，

$$G(\mathrm{A})/G(\mathrm{B}) = 0.6/0.4 \tag{12.5}$$

は既知である．

　また，ステップ4より，以下の式（12.6）（12.8）は既知であり，式（12.7）（12.9）が導出される：

$$P(A)/G(A)=0.1/1.0 \tag{12.6}$$
$$\therefore P(A)=0.1\times G(A) \tag{12.7}$$
$$P(B)/G(B)=0.165/1.0 \tag{12.8}$$
$$\therefore G(B)=0.165\times G(B) \tag{12.9}$$

したがって，式 (12.5)，(12.7)，(12.9) より，式 (12.10) が導出される：

$$\frac{P(A)}{P(B)}=\frac{0.1\times 0.6}{0.165\times 0.4}=0.909=\frac{0.476}{0.524} \tag{12.10}$$

このようにして，服従評価水準に関する評価基準 (A, B) の重み（0.476 対 0.524）が決定する．また，服従評価水準（評価基準 A, B とも評価水準は P）を仮想代替案とするため，表 12.5 の重みを，評価水準 P を 1.0 に基準化する（表 12.8 参照）．

表 12.8 評価水準 (P, P) を基準にした評価水準の重み

評価基準 A

	重み	基準化
G	0.687	9.957
M	0.244	3.536
P	0.069	1.0

評価基準 B

	重み	基準化
G	0.637	6.607
M	0.258	2.457
P	0.105	1.0

この結果，表 12.7 のデータより，代替案（Ⅰ，Ⅱ，Ⅲ，Ⅳ，Ⅴ）の総合評価値を服従評価水準（P, P）の規制に基づく評価基準の重みにより求めると，表 12.9 のようになる．ところで，この場合，服従評価水準（P, P）と同じ評価を有する代替案Ⅲは総合評価値が 1.0 となる．

表 12.9 評価水準 (P, P) からみた総合評価

服従代替案	(P, P)	A (0.476)	B (0.524)	E 総合評価値
	Ⅰ	G 9.957	P 1.0	5.264
	Ⅱ	M 3.536	P 1.0	2.207
評価	Ⅲ	P 0.1	P 1.0	1.0
	Ⅳ	P 0.1	G 6.067	3.655
	Ⅴ	M 3.536	G 6.067	4.862

⑥ ステップ6

次に，服従評価水準（M, M）の規制に基づく評価基準 A，B の重みをステップ5と同様の方法で求める．

表 12.10 評価水準（M, M）を基準にした評価水準の重み

評価基準 A

	重み	基準化
G	0.687	2.816
M	0.244	1.0
P	0.069	0.283

評価基準 B

	重み	基準化
G	0.637	2.469
M	0.258	1.0
P	0.105	0.407

評価基準 A，B の重みは（0.568 対 0.432）となる．そして，この結果より，ステップ5と同様の方法で，服従評価水準（M, M）の規制に基づく評価基準の重みにより，各代替案の総合評価値を計算すると表 12.11 のようになる．

ただし，服従評価水準（M, M）を仮想代替案とするため，表 12.5 の重みを，評価水準 M を 1.0 に基準化する（表 12.11 参照）．

表 12.11 評価水準（M, M）からみた総合評価

服従評価基準	(M, M)	A (0.568)	B (0.432)	E 総合評価値
評価	I	G 2.716	P 0.407	1.775
	II	M 1.0	P 0.407	0.774
	III	P 0.283	P 1.0	0.337
	IV	P 0.283	G 2.469	1.227
	V	M 1.0	G 2.469	1.635

ここで，表 12.7，表 12.9，表 12.11 の総合評価値を正規化すると，いずれも代替案 I（0.310），II（0.130），III（0.059），IV（0.215），V（0.286）となり，どの服従評価水準の規制による評価基準の重みを適用しても総合評価値は，支配評価水準による総合評価値と同じであるがわかる．

このことにより，この大学の総合評価値は今年度，すなわち代替案 I が最も高い評価を得ていることがわかる．

ところで，本章で説明した絶対評価法における支配型 AHP を，支配評価水準法と呼ぶことにしよう．

■ 12.2 支配型 AHP の数学的構造

本節では，支配型 AHP の数学的構造を評価基準が二つ（Ⅰ，Ⅱ），代替案が三つ（1，2，3）で，支配代替案 1 の場合で説明する．まず，支配代替案 1 からみた評価基準の重みベクトル b^1 を

$$b^1 = \begin{bmatrix} b_{\mathrm{I}} \\ b_{\mathrm{II}} \end{bmatrix}$$

として，評価マトリックス A を次のようにする（図 12.3 参照）：

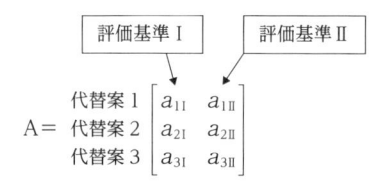

$$A = \begin{array}{c} \text{代替案 1} \\ \text{代替案 2} \\ \text{代替案 3} \end{array} \begin{bmatrix} a_{1\mathrm{I}} & a_{1\mathrm{II}} \\ a_{2\mathrm{I}} & a_{2\mathrm{II}} \\ a_{3\mathrm{I}} & a_{3\mathrm{II}} \end{bmatrix}$$

このとき，総合評価値ベクトル E の導出は次のようになる：

$$E = \begin{bmatrix} \text{代替案 1 の総合評価値} \\ \text{代替案 2 の総合評価値} \\ \text{代替案 3 の総合評価値} \end{bmatrix} \equiv Ab^1$$

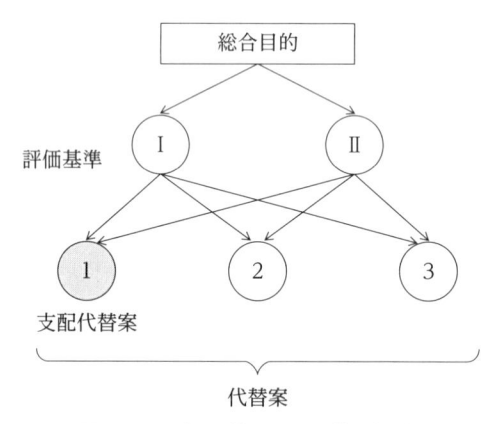

図 12.3 支配型 AHP の階層構造

すなわち，ベクトル E は評価マトリックス A と重みベクトル b^1 にのみ依存する．

また，ベクトル E は次のように表現できる：

$$E \equiv Ab^1 = AA_1^{-1}A_1A_1^{-1}b^1$$

ただし，A_1 とは，支配代替案 1 の評価値（$a_{1\mathrm{I}}, a_{1\mathrm{II}}$）を対角要素に有するマトリックスとする．すなわち，

$$A_1 \equiv \begin{bmatrix} a_{1\mathrm{I}} & 0 \\ 0 & a_{1\mathrm{II}} \end{bmatrix} = \begin{bmatrix} 1 & 0 \\ 0 & 1 \end{bmatrix}$$

となり，単位行列となる．また，

$$A_1^{-1} = \begin{bmatrix} 1 & 0 \\ 0 & 1 \end{bmatrix}$$

も単位行列である．

次に，支配代替案以外のすべての代替案からみた評価基準の重みベクトルを評価マトリックスの推定ルールから説明する．このとき，A_i は，

$$A_i \equiv \begin{bmatrix} a_{i\mathrm{I}} & 0 \\ 0 & a_{i\mathrm{II}} \end{bmatrix} \quad (i=1, 2, 3)$$

とする．ところで，支配型 AHP に関するルールは次の二つである．

ルール 1

$A_iA_1^{-1}b^1$：代替案 i（$i \neq 1$）からみた評価基準の重みベクトルの推定

ルール 2

AA_i^{-1}：代替案からみた評価マトリックスの推定原理

まずルール 1 の推定原理は次のように表現できる．

---
b_j^i（代替案 i からみた評価基準 j の重み）と b_j（支配代替案 1 からみた評価基準 j の重み）の比は，a_{ij}（評価基準 j からみた代替案 i の評価値）と a_{1j}（代替案 j からみた支配代替案 1 の評価値）の比に一致する．

この推定原理を**評価単価比一定の法則**と呼んでいる．また，上記の内容を式で証明すると（$i=3$ の場合），次のように表せる：

$$b^3 = \begin{bmatrix} b_\mathrm{I}^3 \\ b_\mathrm{II}^3 \end{bmatrix} = \begin{bmatrix} a_{3\mathrm{I}} & 0 \\ 0 & a_{3\mathrm{II}} \end{bmatrix} \begin{bmatrix} 1/a_{1\mathrm{I}} & 0 \\ 0 & 1/a_{1\mathrm{II}} \end{bmatrix} \begin{bmatrix} b_\mathrm{I} \\ b_\mathrm{II} \end{bmatrix} = A_3A_1^{-1}b^1$$

これは，以下の比例式から導かれる（図 12.4 参照）：

$$\frac{b_{\mathrm{I}}^3}{b_{\mathrm{I}}} = \frac{a_{3\mathrm{I}}}{a_{1\mathrm{I}}}, \quad \frac{b_{\mathrm{II}}^3}{b_{\mathrm{II}}} = \frac{a_{3\mathrm{II}}}{a_{1\mathrm{II}}}$$

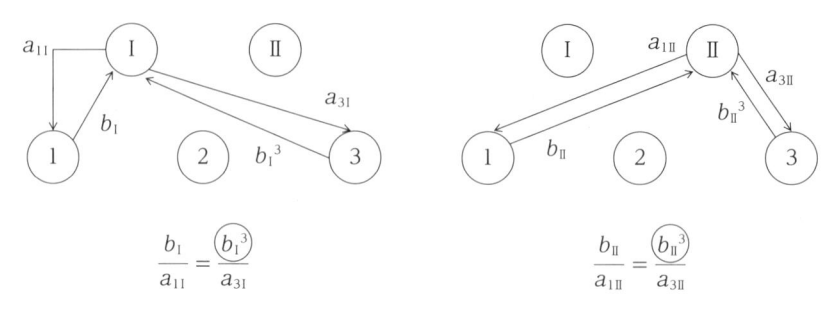

図 12.4 ルール 1 の推定原理

たとえば，12.1 節の例で計算すると，

$$b^3 = \begin{bmatrix} b_{\mathrm{I}}^3 \\ b_{\mathrm{II}}^3 \end{bmatrix} = \begin{bmatrix} 3 & 0 \\ 0 & 1/6 \end{bmatrix} \begin{bmatrix} 1 & 0 \\ 0 & 1 \end{bmatrix} \begin{bmatrix} 0.4 \\ 0.6 \end{bmatrix} = \begin{bmatrix} 1.2 \\ 0.1 \end{bmatrix} = \begin{bmatrix} 0.923 \\ 0.077 \end{bmatrix}$$

となる．

次に，ルール 2 の推定原理は次のように表現できる：

> すべての評価基準 j に対して，代替案 k に対する代替案 i の相対評価は次のように示すことができる．
>
> $$\frac{\text{代替案 } i \text{ の評価値}}{\text{代替案 } k \text{ の評価値}} = \frac{\text{代替案 } i \text{ の評価値}}{\text{代替案 } 1 \text{ の評価値}} \times \frac{\text{代替案 } 1 \text{ の評価値}}{\text{代替案 } k \text{ の評価値}} = a_{ij} \times \frac{1}{a_{kj}}$$

たとえば，代替案 3 からみた評価マトリックスは，

$$A^3 = \begin{bmatrix} a_{1\mathrm{I}}/a_{3\mathrm{I}} & a_{1\mathrm{II}}/a_{3\mathrm{II}} \\ a_{2\mathrm{I}}/a_{3\mathrm{I}} & a_{2\mathrm{II}}/a_{3\mathrm{II}} \\ a_{3\mathrm{I}}/a_{3\mathrm{I}} & a_{3\mathrm{II}}/a_{3\mathrm{II}} \end{bmatrix} = \begin{bmatrix} a_{1\mathrm{I}} & a_{1\mathrm{II}} \\ a_{2\mathrm{I}} & a_{2\mathrm{II}} \\ a_{3\mathrm{I}} & a_{3\mathrm{II}} \end{bmatrix} \begin{bmatrix} a_{3\mathrm{I}} & 0 \\ 0 & a_{3\mathrm{II}} \end{bmatrix}^{-1} = AA_3^{-1}$$

となる．たとえば，12.1 節の例で計算すると，

$$A^3 = \begin{bmatrix} 1 & 1 \\ 2 & 1/2 \\ 3 & 1/6 \end{bmatrix} \begin{bmatrix} 1/3 & 0 \\ 0 & 6 \end{bmatrix} = \begin{bmatrix} 1/3 & 6 \\ 2/3 & 3 \\ 1 & 1 \end{bmatrix}$$

となる．

最後に，代替案 i ($i \neq 1$) からみた総合評価値ベクトルは，
$$AA_i^{-1}b^i = (AA_i^{-1})(A_iA_i^{-1}b^1)$$
となる．このことより，次の定理を導くことができる：

> **定理**：ルール 1，2 の下では，支配代替案からみた総合評価値ベクトルは，他の代替案から見た総合評価値ベクトルと一致する．

代替案 1 が支配代替案のときは，
$$Ab^1 = AA_1^{-1}b^1 = AA_i^{-1}A_iA_1^{-1}b^1 = (AA_i^{-1})(A_iA_1^{-1}b^1)$$
ルール 2 　ルール 1

となる．

■ 12.3　一斉法の数学的構造

支配型 AHP において，複数の支配代替案が存在する場合を考える．たとえば，前述の例において，代替案 1 と代替案 2 が支配代替案と仮定する．このとき，代替案 1 からみた重みベクトル b^1，代替案 2 からみた重みベクトル b^2，さらに評価マトリックス A が与えられる．すなわち，入力データは，図 12.5 に示すようになる．

このとき，支配代替案 1 から支配代替案 2 への推定は，ルール 1，ルール 2 から次のようになる：

$$A = \begin{bmatrix} a_{1\mathrm{I}} & a_{1\mathrm{II}} \\ a_{2\mathrm{I}} & a_{2\mathrm{II}} \\ a_{3\mathrm{I}} & a_{3\mathrm{II}} \end{bmatrix}$$

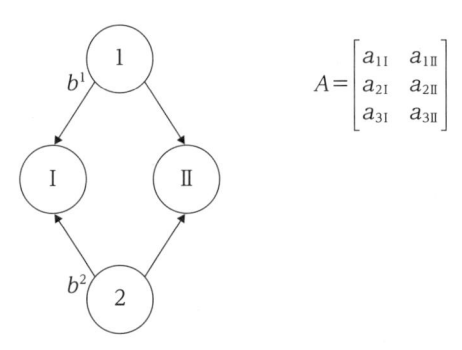

図 12.5　入力データ

> 重みベクトルの推定：ルール1により，
> $$b^1 \to A_2 A_1^{-1} b^1$$
> となる．

> 評価マトリックスの推定：ルール2により，
> $$AA_1^{-1} \to AA_2^{-1}$$
> となる．

　一方，支配代替案2から支配代替案1への推定も同様にして求めることができる．

> 重みベクトルの推定：ルール1により，
> $$b^2 \to A_1 A_2^{-1} b^2$$
> となる．

> 評価マトリックスの推定：ルール2により，
> $$AA_2^{-1} \to AA_1^{-1}$$
> となる．

　ここで，重みベクトル b^1 と重みベクトルの推定値 $A_1 A_2^{-1} b^2$ に「ずれ」が生じる場合を考える．重みベクトル b^2 と重みベクトルの推定値 $A_2 A_1^{-1} b^1$ との「ずれ」も同様である．このような「ずれ」が生じない場合は，12.1節でも述べたが「支配代替案間の互換性」と呼んでいる．しかし，現実には互換性が保たれることは稀で，「ずれ（ギャップ）」が生じることが多い．そこで，このような「ずれ」を調整する方法を，木下・中西は「一斉法」として提案している．

　そこで，次に，「一斉法」について，すべての代替案が支配代替案の場合（前述した例では，代替案の数は三つ）を例として説明する．

　まず，重みベクトルの調整値 b^1 は，支配代替案1からのオリジナルデータ b^{11}，支配代替案2からの推定値 b^{12}，支配代替案3からの推定値 b^{13} の平均値とする．すなわち，

$$b^1 = \frac{1}{3}\{b^{11} + b^{12} + b^{13}\} = \frac{1}{3}\left\{\frac{A_1 A_1^{-1} b^1}{e^T A_1 A_1^{-1} b^1} + \frac{A_1 A_2^{-1} b^2}{e^T A_1 A_2^{-1} b^2} + \frac{A_1 A_3^{-1} b^3}{e^T A_1 A_3^{-1} b^3}\right\}$$

となる．同様にして，支配代替案2, 3からみた重みベクトル調整値 b^2, b^3

はそれぞれ次のようになる．

$$b^2 = \frac{1}{3}\{b^{21}+b^{22}+b^{23}\} = \frac{1}{3}\left\{\frac{A_2A_1^{-1}b^1}{e^TA_2A_1^{-1}b^1}+\frac{A_2A_2^{-1}b^2}{e^TA_2A_2^{-1}b^2}+\frac{A_2A_3^{-1}b^3}{e^TA_2A_3^{-1}b^3}\right\}$$

$$b^3 = \frac{1}{3}\{b^{31}+b^{32}+b^{33}\} = \frac{1}{3}\left\{\frac{A_3A_1^{-1}b^1}{e^TA_3A_1^{-1}b^1}+\frac{A_3A_2^{-1}b^2}{e^TA_3A_2^{-1}b^2}+\frac{A_3A_3^{-1}b^3}{e^TA_3A_3^{-1}b^3}\right\}$$

そして，新しい重みベクトル b^i と古い重みベクトル $b^i = (i=1, 2, 3)$ との間に「ずれ（ギャップ）」がなくなるまでこの手順を繰り返すことにする．

ところで，「一斉法」の例として，

$$b^{11}=\begin{bmatrix}0.4\\0.6\end{bmatrix} \quad b^{22}=\begin{bmatrix}0.7\\0.3\end{bmatrix} \quad b^{33}=\begin{bmatrix}0.2\\0.8\end{bmatrix}$$

の場合を表 12.12 に示す．この結果，収束値は，

$$b^1=\begin{bmatrix}0.178\\0.822\end{bmatrix} \quad b^2=\begin{bmatrix}0.465\\0.535\end{bmatrix} \quad b^3=\begin{bmatrix}0.796\\0.204\end{bmatrix}$$

となる．

表 12.12 「一斉法」の例

1	I	II
1	1	1
2	2	1/2
3	3	1/6

2	I	II
1	1/2	2
2	2	1
3	3/2	1/3

3	I	II
1	1/3	6
2	2/3	3
3	1	1

	1		2		3	
	I	II	I	II	I	II
①	0.4	0.6	0.7	0.3	0.2	0.8
			0.727	0.273	0.923	0.077
	0.368	0.632			0.913	0.087
	0.014	0.986	0.053	0.947		
②	0.261	0.739	0.493	0.507	0.679	0.321
			0.585	0.145	0.864	0.136
	0.196	0.804			0.814	0.186
	0.105	0.895	0.319	0.681		

③	0.187	0.813	0.466	0.534	0.784	0.214
			0.479	0.521	0.806	0.194
	0.179	0.821			0.797	0.203
	0.169	0.831	0.449	0.551		
	0.178	0.822	0.465	0.535	0.796	0.204

したがって，総合評価値はそれぞれ，

$$\begin{bmatrix} 1 & 1 \\ 2 & 1/2 \\ 3 & 1/6 \end{bmatrix} \begin{bmatrix} 0.178 \\ 0.822 \end{bmatrix} = \begin{bmatrix} 1 \\ 0.767 \\ 0.671 \end{bmatrix}$$ （支配代替案1）

$$\begin{bmatrix} 1/2 & 2 \\ 1 & 1 \\ 3/2 & 1/3 \end{bmatrix} \begin{bmatrix} 0.465 \\ 0.535 \end{bmatrix} = \begin{bmatrix} 1.3025 \\ 1 \\ 0.8725 \end{bmatrix}$$ （支配代替案2）

$$\begin{bmatrix} 1/3 & 6 \\ 2/3 & 3 \\ 1 & 1 \end{bmatrix} \begin{bmatrix} 0.796 \\ 0.204 \end{bmatrix} = \begin{bmatrix} 1.4893 \\ 1.1427 \\ 1 \end{bmatrix}$$ （支配代替案3）

となる．しかし，上記三つの総合評価値は，正規化すると，すべて

$$E = \begin{bmatrix} 0.410 \\ 0.314 \\ 0.276 \end{bmatrix}$$

となり一致する．

第13章
全体の結論と今後の課題

───〈本章を学ぶポイント〉───

1. 経営戦略論を，理論的側面と実践的側面から理解する．
2. 経営戦略論を，本書各章の要約を通じてその全体像から理解する．
3. 経営戦略論を，「人間学」の総括として理解する．

　本章は，本書の全体の結論と今後の課題として，各章の要約を通じて説明している．

これまで，経営戦略について民間企業，NPO，行政というすべての組織体を対象に定性的・定量的の両面から検討を加え，解説をしてきた．その結果，**経営というものは生半可な知識や経験だけでは，組織をうまく運営できない**ということがお分かりいただけたと思う．しかし，だからといって，経営学者のような研究者が経営者になればうまくいくかというと，必ずしもそうでもない．適度な実務経験と十分な理論学習がうまく融合できてはじめて，優れた経営戦略が構築できるケースが多いように思える．その意味では，実務経験の全くない学生が，理論学習ばかりしていても実感が伴わないため，わかりにくいものと感じてしまうし，実務経験豊富な人で経営学を勉強したことのない人は，まちがった経営をしてしまう可能性が高くなる．

　そのように考えれば，実務経験10年以上の人が，あらためて社会人大学院生として，大学院などで経営学の勉強をした後に，経営を行うというのが理想的な姿といえるだろう．しかし，社会で活躍しようと考える人のすべてが，社会人大学院に入学して，経営学を学ぼうとするわけではないため，理想の姿に近づくことは難しい．そこに本書の存在意義があるのだ．本書は，実務経験のない学生にでも，疑似体験できるようにすべての章において，事例を交えた解説や問題提起を行っている．また，実務経験だけの人に対しても，経営にとっての最低限必要な理論的知識を提供している．つまり，本書の中で理論と実践が融合されたものとして，整理され展開しているのである．それがわかりやすい学習となるのである．

　「わかりやすい」というコンセプトは重要である．最近は「漫画で読む歴史」であるとか「漫画で読む哲学」というのが流行しているように，難しいことをわかりやすく解説する，わかりやすく理解するという時代である．今までの経営戦略の本は難しいものが多かった．その点本書は，時代に適応させ，わかりやすい経営戦略論となっているはずである．

　しかし，本書を1冊読んだだけで，すばらしい経営戦略が構築できるかというと，そうでもない．経営戦略とはそんな単純・簡単なものではないからだ．そこが本書の限界でもある．優れた経営戦略を構築できるようになるには，本書だけではなく，経営戦略の理論を中心に解説した経営戦略論や経営戦略の事

例集のような書籍やその中間に位置する本書のようなものの2～3種類くらいによる学習が必要である．しかし，最もわかりやすく，最も早く経営戦略を理解したい人には，本書は最適なテキストになり得るであろう．

そこで，本書の結論として，各章で言いたかったことを以下に要約し，その要約をさらに整理して結論としてまとめることにする．

章	要　　約
1 問題の発見と解決	1) 問題を発見するには，理想の状態，あるべき姿がどのような状態であるのかをしっかりとイメージできていて，現実・現状をしっかりと把握できて，その両者を比較して差・ギャップを見つけることである． 2) また，「目標」とか「あるべき姿」とか「理想像」というものは，エネルギーを注いで，具体的な中身までブレークダウンして作らなければ，問題が発生しやすいし，問題解決もできないということなのだ． 3) 問題解決の進まない業績不振企業にはいくつかの共通点が存在することがわかった．それは，次の3点である． ①問題を問題として捉える能力が乏しい． ②問題の原因を深く究明しようとする能力が不足している． ③経験を重視し，知識を軽視する傾向が強い．
2 民間企業の経営戦略	1) 経営学は歴史は浅いが，意外に重要な学問分野である．その理由は，企業の業績が拡大すれば，日本全体が潤い，企業の業績が縮小すれば，日本全体の景気が悪くなるからである．端的に言えば，景気とは企業の業績が好調か不調かで決定するといえる．その企業の業績を左右するのが，経営学の理論であり，経営戦略の優劣であるのだ． 2) 経営学の要点はいくつかあるが，現状把握（Company）と競争状況の把握（Competitor）と顧客の把握（Customer）の3点が特に大切である． 3) 経営戦略とは，中長期の将来展望をすること，競争相手に如何に勝つかという二つの発想を持つことが大切となる．

3 民間企業の経営戦略（大企業の問題）	1)	不誠実な経営姿勢や利益を追求しすぎることにより，法律（会社法，独占禁止法，製品表示法など）を犯しそうなる企業は，やがて大きなシッペ返し（社会的な制圧）を受けることを覚悟しなければならない．
	2)	大企業で比較的歴史のある業界では，業界の常識というものが存在する．過去はその常識に従っていれば，多くの企業でうまくいっていたのである．しかし，環境の変化の激しい現在では，**過去の常識が通用しなくなってきている．**そのことに気づく経営者かどうかは重要なことである．
	3)	上司と部下の関係は，企業人にとって極めて重要な問題（マネジメント）である．その問題をうまく処理できれば，企業人人生が幸福になること間違いない．**マネジメントの本質を考えると，それは人間心理を探求することに他ならない．**
4 民間企業の経営戦略の具体例	1)	業界ナンバーワンの企業といえども成長し続けるためには，いろいろな観点から改革していかなければならない点は存在する．経営には，これで安泰ということはなく，常に改革・改善を進めなければ，いずれ衰退するという宿命となっている．
	2)	競争の激しい，いわゆる激戦市場で，勝ち残るには，かなりのこだわった戦略が必要となる．その一つが，人材採用・人材教育に特化したやり方であり，また高価格な独自販売形式のやり方がある．
	3)	日本のサービス業は世界の先進国と比較して生産性が低い，といわれている．そのため，日本の産業全体の生産性の足を引っ張る原因となっている，とも言われる．しかし，サービスの機能を徹底的に追及したり，サービスの本質を極めたりすることで，成功するサービス業が増えてきていることも事実である．
5 非営利組織の経営戦略（学校法人編）	1)	非営利組織の定義は6項目もあり，しっかりと理解していないため，「利益を生んではいけない組織だ」と誤解しているNPOが多いのが現実である．
	2)	非営利組織で最も（経済規模の）大きい組織は，医療法人，学校法人，社会福祉法人の3法人である．
	3)	学校法人の経営において，予算の決定の仕方においても，予算委員会，企画運営会議，運営評議会，教授会，学長・学部長，理事長，事務局，理事会などかなり複雑な意思決定機関が存在しており，シンプルな組織行動が取れていないことがわかる．また，理事会で決定したことが経営上の事項であっても，教授会の反対により実行できない大学があり，**企業のような指揮命令系統に統一性がなく，組織の混乱が伺える．**

6 非営利組織の経営戦略（医療法人編）	1)	病院経営を成功させるには，病床利用率の向上や平均在院日数の短縮が重要と思われる．
	2)	黒字病院は経費の合理化努力をしており，人件費の適正化や在庫管理，購買努力をしている．
	3)	病院は人件費が50％弱を占める労働集約型のサービス業である．したがって，サービスを提供する医師，看護婦，その他医療スタッフが患者に対して誠意ある対応が収益の多寡に影響を及ぼすことを認識しなければならない．
	4)	医薬品の構成が21.7％と高い．実際医療機関には薬価差益をのせた金額が支払われているが，その差益は，減少傾向にある．
	5)	給食や検査等の業務を外部の業者に委託しているウエートが5.2％と低い．医療分野の外注化は経営効率を高めようとする病院ほど積極的であり，今後は外注化が進み委託比率が増加することが予測されている．財団法人医療関連サービス振興会によると，①患者給食，②医療廃棄物処理，③医療事務，④院内情報コンピュータシステムの伸びが高くなっている．
	6)	減価償却費が4.2％と低い．これは病院がいままで積極的に設備投資を行ってこなかったことを示すものである．その結果日本の病院は設備の老朽化しているところが多く，社会的資本としての医療機関の療養環境の整備が急がれている．
7 非営利組織の経営戦略具体例	1)	学校法人の問題に，教員と職員という2種類の組織がある．また医療法人の組織にも医師，看護師，その他医療関係者，事務職員という複雑な組織が存在する．これらの組織間の協力体制は重要な経営事項といえる．
	2)	経営を実践する上で，大切なことは計画をして，実行して，その結果と実績のズレを反省する，というPDSのマネジメントサイクルを回すことである．しかし，経営力の脆弱な非営利組織は，それが弱い．
	3)	病院の使命は何か，という原点に帰って経営を行うことは，患者の安心・安全・便利を追及することである．
8 行政の経営課題	1)	組織の存続には経営が不可欠であるのだが，行政には経営が存在しなかった．行政は多くの組織で赤字になっているにもかかわらず，公債という長期の債務（借金）を起債できることで，存続している．

		2) 民間企業の人事制度は時代とともに進化していくのであるが，その中で40年以上も変化しないまま頑迷に年功序列型人事を踏襲しているのは，自治体組織だけである．
		3) 目標数値がないからといって，目標が漠然としたままのものであれば，結果も漠然としたものになる．つまり，適当な仕事，いい加減な仕事になるのだ．だからこそ，目標は明確でなければならないし，具体的でなければならない．
9	行政の経営戦略具体例	1) 構造改革は痛みが伴うものであるが，その痛みに過剰反応し，構造改革自体を骨抜きにしてしまうケースがよくある．本当に改革しなければ将来どうなるのか，という目的を貫くことが大切である．
		2) 政府の規制は，日本の高度成長が止まった時点で役割を終え，現在では，民間の不備，不心得，犯罪，詐欺等を監督する公正取引委員会程度の組織に政府そのものが縮小すべきではないか．そうしなければ，規制に足を引っ張られ産業の競争力が低下することになる．
		3) いろいろな施策を成功させた矢祭町の元町長，根本氏は自らの政治信念を貫く基準に「すべて矢祭のため，町民のため」という心であった，と述懐している．
10	経営戦略のための線形計画法	1) 官と民の経営戦略の目的は，線形計画法主問題と双対問題により定式化され，両者の関係が双対問題であることがいえる．
		2) 民の経営戦略の目的は，線形計画法主問題で記述できることと，この問題を解くためのプライマルシンプレックス法を理解することが必要となる．
		3) 官の経営戦略の目的は，線形計画法双対問題で記述できることと，この問題を解くためのデュアルシンプレックス法を理解することが必要となる．
11	経営戦略のためのゲーム理論	1) ゲーム理論の考え方で，企業と消費者の行動原理を記述でき，その結果，マクロ経済学の実態を把握することができる．
		2) ゲーム理論における囚人のジレンマとチキンゲームのジレンマを把握することで，経営・経済の様子を記述することができる．
		3) 2人ゼロ和ゲームの定式化により，ゲーム理論におけるミニマックスの原理を理解することが必要である．

12 経営戦略のための支配型AHP	1) 支配型AHPの考え方をよく把握し，支配型AHPにおける2種類の手法である支配代替案法と支配評価水準法について，それらの使い方を理解することが必要である．
	2) 支配型AHPの数学的構造を把握し，ルール1の推定原理とルール2の推定原理を理解することが重要である．さらに，支配型AHPの調整原理である一斉法を理解することが必要である．
	3) 支配型AHPの例として学校法人の経営戦略について，時間軸に沿った定量的評価の手法を理解することが大切である．

以上，各章の要約から本書のまとめをする，という思い切ったまとめ方をするならば，次のようなことが言えるだろう．

1. 経営というものは，人間集団による能力の結集から生まれるものであるために，極めて，人間的側面，特に**人間心理**が重視される．

2. 人間集団，すなわち組織には，どのような組織といえども**経営**が不可欠である．さらに，組織を活性化させるには**経営戦略**が不可欠となる．

3. 問題を発見し問題を解決していくためには，あるべき姿，理想像，目標といったものに対し，エネルギーを注ぎ具体的に積み上げて作成していかなければ，結局は問題を解決できなくなる．

4. 経営は，**アート&サイエンス**と言われるように，定性的アプローチによる分析と定量的アプローチによる分析の両面が重要である．

今後の課題としては，経営戦略の理論的な知識にもっとフィットしたケースを当てはめることによって，読者諸兄の理解をさらに深めることができるようにしたい，ということだ．

しかし現実のケースというものは生き物であるため，そう簡単に絵に書いた

ようにぴったりとジャストフィットするものばかりではない．したがって，読者の応用能力，鋭い洞察力に依存して理解してもらわなければならない部分もある．その点，著者側の努力と読者側の努力の融合が結局は大切になるのではなかろうか．

【参考文献】

1) 雑賀憲彦・岡部泉：『戦略的営業実践テキスト 応用編』, ㈱日本コンサルタントグループ, 1997.
2) 雑賀憲彦：『経営戦略入門』, ふくろう出版㈱, 2004.
3) 雑賀憲彦・大西美喜男：『学校法人経営改善の手法』, ㈱ぎょうせい, 2004.
4) 雑賀憲彦：「経営戦略講座シリーズ」, 『山陰経済新聞』, ㈱山陰経済新聞社, 2006〜現在.
5) 雑賀憲彦：「学校法人と医療法人に見る非営利組織のマネジメント評価と経営改善」, 名城大学 博士論文, 2008.
6) 雑賀憲彦：「産業活性化の期待大きいMOT教育の現状と課題」, 名城大学都市情報学研究論文, 2008.
7) 雑賀憲彦：「自治体経営の現状と課題について」, 名城大学都市情報学 研究論文, 2009.
8) 木下栄蔵：『経済学はなぜ間違え続けるのか』, 徳間書店, 2009.
9) 木下栄蔵：『事例から学ぶ サービスサイエンス』, 近代科学社, 2009.
10) 木下栄蔵：『孫子の兵法の戦略モデル』, オーム社, 2006.

【参考資料】

http：//www.mipsworld.com/kinkyu/kinkyu_004.htm
http：//kiyotani.at.webry.info/200607/article_1.html
http：//ikiiki.livedoor.biz/archives/8095372.html
http：//www.quon.asia/yomimono/business/oonishi/2009/04/29/1712.php
http：//www.quon.asia/yomimono/business/oonishi/2009/04/29/1712.php

さくいん

あ行

IT 革命	i
悪影響	14
アルフレッド・チャンドラー	15
あるべき姿	3
あるべき姿と実際の姿の差	2
アンゾフの戦略マトリックス	16
イゴール・アンゾフ	15
意思決定科学	140
意思決定機関	51
一斉法	151, 156
一斉法の数学的構造	165
医療法人	51
医療法人の運営形態	68
医療法人の課題	72
医療法人の経営課題	70
医療法人の種類	68
医療法人の法的性格	67
医療法人のマネジメント	72
医療法人の問題	66
医療マーケティング	81
インフォームドコンセント	81
失われた20年	i
SWOT 分析	13
NPO	51
NPO の経営戦略	i
NPO の経済規模	56
NPO の役割	55
オスカー・モルゲンシュテルン	145
重みベクトルの推定	166

か行

改革プロジェクト	122
外部環境	14
学校法人	51
学校法人と医療法人	5
学校法人の経営戦略	151
学校法人のマネジメント	58
環境への適応	11, 12
完全均衡解	149
官の経営戦略	130
管理会計制度	80
管理職教育	62
機会の平等	109
企業経営の存立	12
技術の動き	12
規制代替案	152
機能性追究戦略	44
キャッシュフロー	13
教職員協調戦略	85
行政改革	122
行政経営の業務課題	102
行政経営の財務課題	100
行政経営の人事課題	100
行政組織	124
行政の経営課題	97
行政の経営戦略	i
業績不振企業の問題点	3
競争相手に如何に勝つ	7
競争環境	9
競争状況の把握	7
共通のプラットフォームにおける官と民の経営戦略	i
共通目的	17
業務の標準化	39
業務分掌規程	62

具体的な行動レベルまで原因を追究する姿勢	4	市場開拓戦略	15
群を抜く成長の秘訣	44	市場原理	125
		市場浸透戦略	15
経営改革事例	63	実態調査分析	76
経営学	7	支配型 AHP	151
経営学の必要性	8	支配型 AHP の数学的構造	162
経営資源	12	支配型 AHP の調整原理	151
経営資源と経営の関係	13	支配関係	157
経営戦略	2	支配される戦略	149
経営戦略の階層構図	157	支配代替案	152
経営戦略論	i	支配代替案間の互換性	156, 166
経営の奥深さ	39	支配代替案法	151
経済の動き	12	支配評価水準に関する一対比較	158
ゲーム理論	139	支配評価水準法	151
原因究明能力	4	社会の動き	12
原価計算の不備	31	社会福祉法人	51
現状把握	7	弱者ゲーム	145
原点回帰の精神	48	囚人のジレンマ	139
		主問題の実行可能解	136
好影響	14	上下のコミュニケーションの現状	29
高価格戦略	42	上司と部下の関係	28
合議制の経営	27	情報公開	i, 123
貢献意欲	17	情報戦略	89
構造改革戦略	116	ジョン・ナッシュ	148
構造改革の促進	112	ジョン・ハルサニ	148
行動科学	140	ジレンマゲーム	143
効率的な活用による健全経営	13	人材教育戦略	39
顧客サービス徹底化戦略	47	人事戦略	37, 89
顧客セグメント戦略	86	シンプレックス基準	136
顧客ニーズの収集	10		
顧客の把握	7	スラック変数	133
コミュニケーション	17	ずれ（ギャップ）	166
コミュニケーション戦略	87		
コンプライアンス	24	政治・法律の動き	12
コンフリクト問題	149	精神的支柱	2
		製品開発戦略	15
さ行		政府規制の妥当性検証	114
		制約条件	132
サービスサイエンス	i	セクト主義	124
最適解	135	絶対評価法	157
3C（Customer, Competitor, Company）	14	セル生産体制	11
		ゼロ和ゲーム	145
指揮命令系統	51	線形計画法	127
事業化戦略	46	線形計画法主問題	127
		線形計画法主問題の図解法	129

◆さくいん

線形計画法双対問題	127	人間心理を知る	25
線形計画法双対問題の図解法	131	人間力が試される	25
戦略的管理会計の重要性	31		

は行

相乗効果	17		
相乗積	32	パーティ形式の販売スタイル	43
相対評価法	157	バーテルスマン賞	125
双対問題の実行可能解	136	バーナード（C.I.Barnard）	16
組織管理戦略	86	箱物行政	105
組織人の行動指針	2	パラダイムシフト	i
組織の活性化	17	「腹のそこからわかり合える」関係	29
組織の要素と活性化	17	販売戦略	37
組織は戦略に従う	15		
損益分岐点分析	32	ヒアリング調査	3
		ピーター・ドラッカー	15

た行

		PDCA のサイクル	40
		非営利組織	51
体現化戦略	45	非営利組織の種類	53
ダイナミックゲーム	149	非営利組織の定義	52
縦割り行政	124	ヒト・モノ・カネ	12
縦割り組織	105	病院抱え込み戦略	41
多能工化	11	病院経営の特徴	69
		病院債	66
チキンゲームのジレンマ	139	病院の経営実態分析	74
知識管理	16	評価基準	158
知識労働者	16	評価水準	158
知的財産の重要性	16	評価水準間の一対比較	158
中長期の将来展望	7	評価単価比一定の法則	163
調整値	166	評価マトリックスの推定	166
		品質	39
データ中心主義	27		
デザイン	39	フィリップ・セルズニック	15
デュアルシンプレックス法	127	フォン・ノイマン	145
デュアル法	138	不可能を可能にする経営戦略	33
		服従戦略	149
特殊法人	105	服従評価水準	159
ドクターの開業支援	41	不十分な原価管理	30
ドクターの便宜を図る戦略	41	2人ゲーム	145
		2人ゼロ和ゲーム	139

な行

		部門別教育研修	62
		プライマリーケアー	81
内部環境	14	プライマルシンプレックス法	127
中身やプロセスが不明確	2	プライマル法	134
ナッシュ均衡	148		
ナッシュ均衡解	149	ペイオフ表	140

ベイジアン均衡解	149	目標	3, 5
		目標の重要性	16
補完性の原理	112	問題解決	5
保険カード	47	問題発見	2, 5
ホスピタリティ戦略	93		
本質を追究した製品づくり	43	**や行**	

ま行

郵政民営化 105

マクシミン原理	147	予防促進	47
マクロ経済学	139		
マニュアル化	39	**ら行**	
マネジメントサイクル	88		
マネジメントの本質	27	ライバル子会社の買収	41
		ラインハルト・ゼルテン	148
ミニマックス原理	139, 147		
民間企業の経営戦略	i	リードタイム	39
民間救急救命病院	80	リードタイム短縮戦略	38
民の経営戦略	128	理想像	3
		理想と現実とのギャップ	2
目的関数	132		

著者紹介

木下栄蔵（きのした　えいぞう）

1949 年	生まれ
1972 年	京都大学工学部卒業
1975 年	京都大学大学院工学研究科修士課程修了
	阪神電鉄勤務を経て
1980 年	神戸市立工業高等専門学校講師
1983 年	同校助教授
1989 年	京都大学工学博士
1991 年	米国ピッツバーグ大学大学院ビジネススクール客員研究員
1992 年	神戸市立工業高等専門学校教授
1994 年	名城大学学部新設準備室教授
1995 年	名城大学都市情報学部教授
	現在に至る

専門分野　オペレーションズリサーチ・統計解析
学　位　工学博士

主要著書

『経済学はなぜ間違え続けるのか』（徳間書店）
『野球に勝てる数学』（電気書院）
『好奇心の数学』（電気書院）
『オペレーションズリサーチ』（工学図書）
『多変量解析入門 第 2 版』（近代科学社）
『だれでもわかる建設数学の基礎』（近代科学社）
『意思決定論入門』（近代科学社）
『マネジメントサイエンス入門』（近代科学社）
『最後の砦』（現代数学社）
その他多数．

雑賀憲彦（さいが　のりひこ）

1955 年	生まれ
1979 年	大阪大学経済学部卒業
1979 年	（株）三越入社
1986 年	住友ビジネスコンサルティング（株）（現 日本総合研究所）入社
1992 年	（株）さくら総合研究所（現 SMBC コンサルティング）入社
1997 年	（株）さくら総合研究所退社後，大谷女子短期大学専任講師
2000 年	大谷女子短期大学助教授（ビジネス関係全般）
2004 年	鳥取大学ベンチャー・ビジネス・ラボラトリー助教授（MOT＝技術経営）
2007 年	名城大学都市情報学部教授（経営学）現在に至る

専門分野　経営戦略・マーケティング・組織人事
学　位　博士（都市情報学）

主要著書

『戦略的営業実践テキスト』（日本コンサルタントグループ）（株）
『ビジネス実務総論』（（株）樹村房）
『実践オフィスワーク』（（株）樹村房）
『経営戦略入門』（ふくろう出版（株））
『学校法人経営改善の手法』（（株）ぎょうせい）

問題の発見と解決のための 経営戦略論
ⓒ 2010 by Eizo Kinoshita & Norihiko Saiga
Printed in Japan

2010 年 10 月 1 日　　初版第 1 刷発行

著　者	木下　栄蔵 雑賀　憲彦
発行者	千葉　秀一
発行所	株式会社　近代科学社

〒162-0843　東京都新宿区市谷田町 2-7-15
電話　03(3260)6161　振替　00160-5-7625
http://www.kindaikagaku.co.jp

三美印刷　　　　ISBN 978-4-7649-0398-2
定価はカバーに表示してあります．